"十三五"职业教育国家规划教材

航空运输类专业系列教材

民航服务礼仪

宋文静　马春婷　主　编
郭　凤　高雪姣　王　东　副主编

电子工业出版社
Publishing House of Electronics Industry
北京·BEIJING

内 容 简 介

本书是为航空运输类专业量身定制的一本礼仪教材，内容分基本理论知识篇和实操实训篇。基本理论知识篇包括民航服务礼仪概述、民航服务人员职业素养、民航商务礼仪、民航接待服务礼仪、沟通技巧。实操实训篇包含微笑与服务意识、职业形象塑造、民航服务人员的气质培养、情景模拟训练、沟通技巧训练。

本书可作为高等院校、高等职业院校空中乘务、民航运输等专业相关课程的教材。

未经许可，不得以任何方式复制或抄袭本书之部分或全部内容。
版权所有，侵权必究。

图书在版编目（CIP）数据

民航服务礼仪/宋文静，马春婷主编. —北京：电子工业出版社，2019.2

ISBN 978-7-121-34778-8

Ⅰ.①民… Ⅱ.①宋… ②马… Ⅲ.①民航运输－乘务人员－礼仪－高等学校－教材
Ⅳ.①F560.9

中国版本图书馆 CIP 数据核字（2018）第 168341 号

策划编辑：朱怀永
责任编辑：朱怀永
印　　刷：三河市兴达印务有限公司
装　　订：三河市兴达印务有限公司
出版发行：电子工业出版社
　　　　　北京市海淀区万寿路 173 信箱　邮编　100036
开　　本：787×1 092　1/16　印张：10.75　字数：282 千字
版　　次：2019 年 2 月第 1 版
印　　次：2023 年 6 月第 12 次印刷
定　　价：43.80 元

凡所购买电子工业出版社图书有缺损问题，请向购买书店调换。若书店售缺，请与本社发行部联系，联系及邮购电话：（010）88254888，88258888。
质量投诉请发邮件至 zlts@phei.com.cn，盗版侵权举报请发邮件至 dbqq@phei.com.cn。
本书咨询联系方式：（010）88254608，zhy@phei.com.cn。

航空运输类专业系列教材
建设委员会

主任委员

马广岭（海航集团）
马　剑（北京临空国际技术研究院）
杨涵涛（三亚航空旅游职业学院）
李宗凌（奥凯航空有限公司）
李爱青（中国航空运输协会）
李殿春（香港快运航空公司）
吴三民（郑州中原国际航空控股发展有限公司）
宋庆华（国际航空运输协会）
张武安（春秋航空股份有限公司）
张宝林（西安交通大学）
陈　燕（中国航空运输协会）
耿进友（北京外航服务公司）
黄　伟（重庆机场集团）
綦　琦（广州民航职业技术学院）

副主任委员

江洪湖　汤　黎　陈　卓　何　梅　达　焰
罗良翌　赵晓硕　赵淑桐　廖正非　熊盛新

委　员

马晓虹	马爱聪	王　东	王　春	王　珺	王　蓓	王冉冉	王仙萌	王若竹
王远梅	王慧然	方凤玲	邓娟娟	孔庆棠	石月红	白冰如	宁　红	邢　蕾
先梦瑜	刘　科	刘　琴	刘　舒	刘连勋	刘晓婷	许　赟	许夏鑫	江　群
范　晔	杜　鹤	杨　敏	杨青云	杨祖高	杨振秋	李广春	吴甜甜	吴啸骅
何　蕾	汪小玲	张　进	张　琳	张　敬	张桂兰	陆　蓉	陈李静	陈晓燕
金　恒	金良奎	周科慧	庞　荣	郑菲菲	赵　艳	郝建萍	胡元群	胡成富
冒耀祺	鸥志鹏	钟波兰	姜　兰	拜明星	姚虹华	姚慧敏	夏　爽	党　杰
徐　竹	徐月芳	徐婷婷	高文霞	郭　凤	郭　宇	郭　沙	郭　婕	郭珍梅
郭素婷	郭雅荫	郭慧卿	唐红光	曹义莲	曹建华	崔学民	黄　山	黄　华
黄华勇	章　健	韩奋畴	韩海云	程秀全	傅志红	焦红卫	湛　明	温　俊
谢　芳	谢　苏	路　荣	谭卫娟	熊　忠	潘长宏	霍连才	魏亚波	

总策划　江洪湖

协助建设单位

国际航空运输协会	长沙南方职业学院	武汉东湖光电学校
春秋航空股份有限公司	长沙商贸旅游职业技术学院	闽西职业技术学院
奥凯航空有限公司	长沙民政学院	黄冈职业技术学院
香港快运航空公司	南京航空航天大学	衡水职业技术学院
重庆机场集团	浙江旅游职业学院	山东海事职业学院
北京外航服务公司	潍坊工程职业学院	安徽建工技师学院
北京临空国际技术研究院	江苏工程职业技术学院	安徽国防科技职业学院
郑州中原国际航空控股发展有限公司	江苏安全技术职业学院	惠州市财经职业技术学院
	湖南生物机电职业技术学院	黑龙江能源职业学院
杭州开元书局有限公司	河南交通职业技术学院	北京经济技术管理学院
三亚航空旅游职业学院	浙江交通职业技术学院	四川文化传媒职业学院
广州民航职业技术学院	新疆天山职业技术学院	济宁职业技术学院
浙江育英职业技术学院	正德职业技术学院	泉州海洋职业学院
西安航空职业技术学院	山东外贸职业学院	辽源职业技术学院
武汉职业技术学院	山东轻工职业学院	江海职业技术学院
武汉城市职业学院	三峡旅游职业技术学院	云南经济管理学院
江西青年职业学院	郑州大学	江苏航空职业技术学院
长沙航空职业技术学院	滨州学院	山东德州科技职业学院
成都航空职业技术学院	九江学院	河南工业贸易职业学院
上海民航职业技术学院	安阳学院	兰州航空工业职工大学
南京旅游职业学院	河南工学院	四川交通职业技术学院
西安交通大学	中国石油大学	烟台工程职业技术学院
三峡航空学院	厦门南洋学院	重庆第二师范学院
西安航空学院	广州市交通技师学院	南阳师范学院
北京理工大学	吉林经济管理干部学院	成都文理学院
北京城市学院	石家庄工程职业学院	郑州工商学院
烟台南山学院	陕西青年职业学院	云南旅游职业学院
青岛工学院	廊坊职业技术学院	武汉外语外事职业学院
西安航空职工大学	廊坊燕京职业技术学院	德阳川江职业学校
南通科技职业学院	秦皇岛职业技术学院	武汉外语外事职业学院
中国民航管理干部学院	广州珠江职业技术学院	湖北交通职业技术学院
郑州航空工业管理学院	广州涉外经济职业技术学院	

《民航服务礼仪》编委会

主　编　宋文静　马春婷

副主编　郭　凤　高雪姣　王　东

参　编　王　洋　韩　楠

前言

民航是战略性产业，在国家开启全面建设社会主义现代化强国的新征程中发挥着基础性、先导性作用。从 2021 年到 2035 年，我国将会实现从单一的航空运输强国向多领域的民航强国的跨越。目前，中国航空运输业在全球的排名已跃升至世界第三位。随着中国经济的快速发展，到 2020 年，中国航空运输业年均增长速度将保持在 10%左右，每百万平方公里拥有机场数量将大幅度增加，航班密度、旅客客运量等各项指标都将快速增长，中国将成为亚太地区乃至全球范围内最重要的航空市场。民航业的高速发展，对民航专业服务与管理人才的需求量也将大大增加。

中航工业预测，到 2020 年，我国民用航空飞机的数量将从现在的 3000 多架增加到 9000 多架。到 2020 年，中国民航旅客年运输量将超过 7 亿人次。在中国商务论坛上，中国航空学会副理事长杨国庆说，中国航空市场 2030 年的战略目标是旅客运输量达到 15 亿人次，成为全球航空运输最大的单一市场。他指出，在远景目标指导下，中国民用航空体系在 2020 年的中期目标是年运输总周转量达到 1400 亿吨公里，全国人均年乘机次数达到 0.47 次，机场总量达到 260 个，航空服务覆盖全国 89%的人口。同时，空中客车公司宣布，预计到 2032 年，中国将取代美国成为全球最大的单一航空市场。

民航作为服务型的现代化运输行业，提供给消费者的产品就是服务，安全和服务质量是影响消费者满意程度的重要因素。我国的民航事业已进入高速发展阶段，民航服务人才需求急剧增加，竞争也日益激烈，只有提高中国民航服务人员的服务品质，才能够打造具有综合竞争实力的中国民航企业。因此，培养高素质的民航服务人员，提高民航服务水平，是民航业良性、稳定发展的关键所在。

"民航服务礼仪"是民航服务人员的必修课程，课程重在培养学生的职业素质、职业形象、服务意识及服务技巧，良好的礼仪修养能有效地促进人际沟通和提高服务质量。本书紧密结合行业动向和行业发展，弥补了很多同类教材在实训环节的不足及与行业衔接不够的缺点，其中的项目训练、案例分析、游戏拓展，具有很强的实践性。本书体系全面、层次清晰，民航专业特色突出，能够满足民航服务职业人才培养需求。

本书由宋文静、马春婷担任主编，郭凤、高雪姣、王东担任副主编，王洋、韩楠参与编写。具体分工为：宋文静、马春婷负责全书的统稿工作，其中宋文静编写第二章（第三节、第四节）、第四章、第七章（第一节）、第八章（第一节）、第九章、第十章（第一节）；郭凤编写第二章（第一节、第二节、第五节）、第三章（第一节、第二节、第四节）、第七章（第二节、第三节）、第八章（第二节）；高雪姣编写第一章（第一节、第二节、第三节、第四节）、第六章、第十章（第二节、第三节）；王东编写第一章（第五节）、第三章（第三节、第五节）、第五章。本书的编写教师都长期工作在航空教育领域一线，均为双师型教师，有着丰富的教学经验和实践经验。其中王洋、韩楠分别来自中国南方航空、首都航空公司，均为资深乘务长兼乘务教员，他们对本书的案例、图例进行了收集整理工作，并对各航空公司的服务标准进行了研究分析，为本书的编写提供了丰富的素材。

本书在编写过程中，得到很多单位及同仁的帮助，借鉴参考了一些文献资料，我们都注明了出处，在此对这些专家、学者表示最诚挚的谢意。由于我们的水平有限，编写过程难免存在不足，还望广大读者给予批评指正。

如有老师需要教学资源，请和作者联系，QQ：228651816，邮箱：228651816@qq.com。

编　者

目 录

基本理论知识篇

第一章　民航服务礼仪概述 ……………………………………………… 2
　　第一节　礼仪的概念与作用 ………………………………………… 2
　　第二节　礼仪的起源、演变及发展 ………………………………… 4
　　第三节　民航服务的概念 …………………………………………… 6
　　第四节　民航服务礼仪的功能与作用 ……………………………… 10
　　第五节　民航服务人员加强礼仪修养的重要性 …………………… 12

第二章　民航服务人员职业素养 ………………………………………… 15
　　第一节　民航服务人员的个性特点与情绪调控 …………………… 15
　　第二节　民航服务人员的职业道德 ………………………………… 18
　　第三节　民航服务人员的专业化形象——仪容礼仪 ……………… 20
　　第四节　民航服务人员的专业化形象——仪态礼仪 ……………… 21
　　第五节　民航服务人员的专业化形象——仪表礼仪 ……………… 23

第三章　民航商务礼仪 …………………………………………………… 41
　　第一节　中西餐礼仪 ………………………………………………… 41
　　第二节　宴请礼仪 …………………………………………………… 51
　　第三节　握手的礼仪要求 …………………………………………… 60
　　第四节　介绍的礼仪标准 …………………………………………… 62
　　第五节　递接名片的礼仪要求 ……………………………………… 66
　　第六节　称呼的礼仪标准 …………………………………………… 68

第四章　民航接待服务礼仪 ……………………………………………… 73
　　第一节　窗口接待礼仪 ……………………………………………… 73

- 第二节　接待中的引导与位次礼仪 ……………………………………… 75
- 第三节　电话接待礼仪 …………………………………………………… 78
- 第四节　特殊旅客服务 …………………………………………………… 80

第五章　沟通技巧 …………………………………………………………… 87
- 第一节　沟通概述 ………………………………………………………… 87
- 第二节　性格与沟通 ……………………………………………………… 91
- 第三节　民航服务语言表达技巧 ………………………………………… 96
- 第四节　冲突的处理 ……………………………………………………… 100

实操实训篇

第六章　微笑与服务意识 …………………………………………………… 110
- 第一节　微笑训练 ………………………………………………………… 110
- 第二节　团队合作 ………………………………………………………… 112
- 第三节　服务意识的培养 ………………………………………………… 116

第七章　职业形象塑造 ……………………………………………………… 118
- 第一节　领带及丝巾的多种系法 ………………………………………… 118
- 第二节　盘发实操 ………………………………………………………… 125
- 第三节　职业妆容塑造 …………………………………………………… 127

第八章　民航服务人员的气质培养 ………………………………………… 134
- 第一节　基本形体训练之站姿、坐姿、蹲姿训练 ……………………… 134
- 第二节　行姿（走姿）与服务仪态训练 ………………………………… 142

第九章　情景模拟训练 ……………………………………………………… 148
- 第一节　商务礼仪情景模拟训练 ………………………………………… 148
- 第二节　民航服务情景模拟训练 ………………………………………… 149

第十章　沟通技巧训练 ……………………………………………………… 151
- 第一节　声音的美化训练 ………………………………………………… 151
- 第二节　语言的表达训练 ………………………………………………… 153
- 第三节　沟通游戏 ………………………………………………………… 156

参考文献 ……………………………………………………………………… 162

基本理论知识篇

- 第一章　民航服务礼仪概述
- 第二章　民航服务人员职业素养
- 第三章　民航商务礼仪
- 第四章　民航接待服务礼仪
- 第五章　沟通技巧

第一章
民航服务礼仪概述

第一节 礼仪的概念与作用

一、礼仪的概念及内涵

礼仪，是人们在社会交往活动中，为了相互尊重，在仪容、仪表、仪态、仪式及言行举止等方面约定俗成[①]的、共同认可的行为规范。

礼仪并没有高深的学问，也没有非常深刻的一些理论，但和我们的生活息息相关，是生活中的每一个细节，也是生活当中的言行举止，是不可缺少的一种能力。对个人来说，礼仪是一个人的思想道德水平、文化修养、交际能力的外在表现；对社会来说，礼仪是一个国家社会文明程度、道德风尚和生活习惯的反映。如，2008年北京奥运会礼仪体现了中国作为礼仪之邦的传统礼仪文明，并引起了媒体的广泛关注，使社会刮起一股学礼仪、行礼仪之风（图1.1为奥运会礼仪小姐）。

礼仪，可以看作"礼＋仪"，这是传统的解释。"礼"字和"仪"字指的都是尊敬的方式，"礼"多指个人性的，如礼貌、礼节。礼节是人们在社会交往中约定俗成的交往规矩。比如鞠躬礼、握手礼等，就是礼节。"仪"则多指集体性的，像开幕式、阅兵式等，就是仪式。古人讲"礼者敬人也"，礼仪是一种待人接物的行为规范，也是交往的艺术。它是人们在社会交往中由于受历史传统、风俗习惯、宗教信仰、时代潮流等因素影响而形成的，既为人们所认同，又为人们所遵守，是以建立和谐关系为目的的各种符合交往要求的行为准则和规范的总和。

---

① 约定俗成是指某事物的名称或社会习惯往往是由人们经过长期社会实践而认定或形成的。

图 1.1　奥运会礼仪小姐

二、礼仪的作用

礼仪是现代社会做人做事必备的基本功，是个人素质能力的综合指数，在西方社会，把礼仪当做是人生成功的第一课。礼仪的具体作用可以体现在以下几方面。

1．教育作用

礼仪是人类社会进步的产物，是传统文化的重要组成部分。礼仪蕴含着丰富的文化内涵，体现着社会的要求与时代精神。礼仪通过评价、劝阻、示范等教育形式纠正人们不正确的行为习惯，指导人们按礼仪规范的要求去协调人际关系，维护社会正常生活。让国民都来接受礼仪教育，可以从整体上提高国民的综合素质。

2．沟通作用

礼仪行为是一种信息性很强的行为，每一种礼仪行为都表达一种甚至多种信息。在人际交往中，交往双方只有按照礼仪的要求，才能更有效地向交往对象表达自己的尊敬、敬佩、善意和友好，人际交往才可以顺利进行和延续。热情的问候、友善的目光、亲切的微笑、文雅的谈吐、得体的举止等，不仅能唤起人们的沟通欲望，彼此建立起好感和信任，而且可以促成交流的成功和交流范围的扩大，进而有助于事业的发展。

3．协调作用

在人际交往中，不论体现的是何种关系，维系人际之间沟通与交往的礼仪，都承担着十分重要的"润滑剂"作用。礼仪的原则和规范，约束着人们的动机，指导着人们立身处世的行为方式。如果交往的双方都能够按照礼仪的规范约束自己的言行，不仅可以避免某些不必要的感情对立与矛盾冲突，还有助于建立和加强人与人之间相互尊重、友好合作的新型关系，使人际关系更加和谐，社会秩序更加有序。

4. 塑造作用

礼仪讲究和谐，重视内在美和外在美的统一。礼仪在行为美学方面指导着人们不断地充实和完善自我并潜移默化地熏陶着人们的心灵。人们的谈吐变得越来越文明，人们的装饰打扮变得越来越富有个性，举止仪态越来越优雅，并符合大众的审美原则，体现出时代的特色和精神风貌。

5. 维护作用

礼仪作为社会行为规范，对人们的行为有很强的约束力。在维护社会秩序方面，礼仪起着法律所起不到的作用。社会的发展与稳定，家庭的和谐与安宁，邻里的和谐，同事之间的信任与合作，都依赖于人们共同遵守礼仪的规范与要求。社会上崇尚与遵守礼仪的人越多，社会便会更加和谐稳定。

第二节　礼仪的起源演变及发展

一、礼仪的起源

中国是世界公认的文明古国之一，也是人类文明的发源地之一。中国自古以来都崇尚礼仪，而且素有"礼仪之邦"的美称。礼仪最早可以追溯到甲骨文（见图 1.2），最早的含义是：击鼓奏乐，奉献美玉美酒，敬拜祖先神灵。原始宗教的祭祀活动最早也都是最简单的以祭天、敬神为主要内容的"礼"。这些祭祀活动在历史发展中逐步完善了相应的规范和制度，正式形成为祭祀礼仪。随着人类对自然与社会各种关系认识的逐步深入，仅以祭祀天、地、鬼神、祖先为礼，已经不能满足人类日益发展的精神需要和调节日益复杂的现实关系。于是，人们将事神致福活动中的一系列行为，从内容和形式扩展到了各种人际交往活动，从最初的祭祀之礼扩展到社会各个领域的各种各样的礼仪。

关于礼的起源，说法不一。归纳起来有五种起源说：一是天神生礼仪；二是礼为天地人的统一体；三是礼产生于人的自然本性；四是礼为人性和环境矛盾的产物；五是礼生于理，起源于俗。

图1.2 甲骨文、金文、篆书中的"礼"字

1. 天神生礼说

天神生礼是人们还没有认识到礼仪的真正起源时的一种信仰说教，是神崇拜的反映，代表了人类图腾崇拜时期对原始礼仪的一种认识。《左传》有言："礼以顺天，天之道也。"意思说，礼是用来顺乎天意的，而顺乎天意的礼就合乎"天道"。"天神生礼说"虽然不科学，但却反映了礼仪起源的某些历史现象。

2. 礼是天地人的统一体

这种观点是春秋以后兴起的一股思潮。这种观点认为，天地与人既有制约关系和统一性，又具有高于人事的主宰性。把礼引进到人际关系中来讨论，比单纯的"天神生礼说"有了很大进步，但仍没有摆脱原始信仰，所以仍然不科学。

3. 礼产生于人的自然本性

这是儒家的创见，儒家学派把礼和人性结合起来，认为礼起源于人的天性。孔子以仁释礼，一方面把"礼"作为处理人际关系的总则，另一方面把"仁"当作"礼"的心理依据。克己以爱人，就是"仁"；用仁爱之心正确而恰当地处理好人际关系，就是"礼"。

4. 礼是人性和环境矛盾的产物

这一学说的目的，在于解决人和环境的矛盾。孔子"克己复礼"的观点，就是看到了人和环境的矛盾，而解决这种矛盾的方法是"克己"。人的好恶欲望如不加以节制，什么坏事都干得出来，于是圣人制礼，节制贪欲。

5. 礼生于理，起源于俗

这是对礼仪起源的更深入探讨。理，是指事物的必然性的道理。人们为了正常生存和发展，根据面临的生存条件，制定出合乎人类生存发展必然性和道理的行为规范，就是"礼"。"礼"是理性认识的结果。事物的礼落到实处，使之与世故习俗相关，所以又有了礼起源于俗的说法。

根据上述种种说法，可以认为，"礼"先于"仪"，有了"礼"这个道德规范，才用"仪"这种形式去表现。"礼"与"仪"常常密不可分。礼仪与部落群居的形成过程同步产生,并随着社会组织形式和国家制度的变化而变化,随着人类社会生活的发展而逐步完善起来。

二、现代礼仪的发展

在中国古代,礼仪是为了适应当时社会需要,从宗族制度、贵贱等级关系中衍生出来,因而带有产生它的那个时代的特点及局限性。时至今日,现代的礼仪与古代的礼仪已有很大差别,我们必须舍弃那些为剥削阶级服务的礼仪规范,着重选取对当今社会仍有普遍、积极意义的传统文明礼仪,如尊老敬贤、仪尚适宜、礼貌待人、容仪有整等,并加以改造与承传。这对于培养良好个人素质,构建和谐人际关系,塑造文明的社会风气,进行社会主义精神文明建设,具有重要意义与价值。

改革开放以来,随着中国与世界的交往日趋频繁,西方一些先进的礼仪、礼节陆续传入我国,和我国的传统礼仪一起融入社会生活的各个方面,构成了社会主义礼仪的基本框架。许多礼仪从内容到形式都在不断变化,现代礼仪的发展进入了全新的发展时期。大量的礼仪书籍相继出版,各行各业的礼仪规范纷纷出台,礼仪讲座、礼仪培训日趋火红。人们学习礼仪知识的热情空前高涨,讲文明、讲礼貌蔚然成风。

第三节　民航服务的概念

民航服务是由民航业单位(员工)提供的,为满足民航旅客利益而从事的具体工作,从而实现旅客与民航业单位价值双赢的活动过程,包括民航地面服务、客舱服务以及行李托运等与旅客出行紧密相关的活动内容。

一、民航服务的特性

1. 安全性

安全性是指旅客的生命、财产安全首先要得到保障,这是考察民航服务质量最首要的指标,当然也是其他运输行业首要考虑的因素。由于民航业作为一个特殊的运输行业，其对安全的要求更加严格，航空运输涉及所需保障的生命、财产安全相对于其他运输行业更为巨大。同时，民航业是一个科技含量高、工作环节多的行业，因此就要求在民航服务中，安全性处于首要地位。

2. 时间性

时间性指服务在时间上满足旅客需要的程度。选择飞机出行，最主要考虑因素是节约时间。因此，如航班能否正点、值机办理手续是否快捷等都会影响到顾客对服务质量的评价。统计数据显示，国内对民航服务质量的投诉超过 80% 来源于航班晚点。通过对乘坐飞机的乘客进行调查发现，乘客选择飞机出行最主要的考虑因素是飞机速度快，但航班晚点将飞行速度快这一最重要的影响乘客选择的因素抵消了不少，这也势必会影响到顾客对航空快捷性的体验。因此，保证航班正点率对于提升航空公司的服务满意度具有不可替代的作用。为了保障航班的正点率，需要航空公司、机场、空中交通管理部门通力协作，这也是民航业系统性的要求。随着我国航班量的快速增长，时间性服务在民航服务中变得更加重要。

3. 经济性

经济性指旅客花费的费用要合理，如果机票价格过高就会影响到经济性。在一定的机票价格的前提下给旅客提供核心服务的同时，还给旅客提供充分的便利性和支持性的服务是非常必要的。便利性服务具有重要作用，如果缺少它，核心服务就不能够顺利开展，如航空公司的售票、行李托运、餐饮等服务就属于便利性服务。另外，支持性的服务也非常重要，如航空公司旅途中所提供的一些辅助服务，其中就包括里程累积、机上拍卖等。便利性服务与支持性服务二者之间并没有一个清晰的界限，很多服务都可以同时归类到这两种类型，例如飞行途中的就餐服务，如果是在短途飞行中就是支持性服务，如果发生在长途飞行中就是便利性服务。但从管理的角度出发来区别二者之间的差异就很容易，即便利性服务是强制的，不可或缺，缺少了它，服务产品就会因为失去载体无法提供。故航空公司应对它进行精心设计，从而为顾客提供最大的便利性。

4. 舒适性

舒适性是指顾客对航空服务的整体感觉，其中既包括硬件层面的因素，例如座位的舒适度、食物是否可口等；同时还包括软件因素，例如航班正点率、服务是否周到等。随着我国物质文明的快速发展，旅客对舒适性的要求也越来越高。近年来，旅客对舒适性方面的投诉有所增加，这就要求民航服务中，舒适性服务也要进一步地加强。

5. 功能性

功能性指旅客乘坐航空的最本质目的，这同时也是航空公司所有服务的最终服务。功能性的实现需要核心服务、便利性服务、支持性服务三个方面系统实现，缺乏其中某一项，就会造成功能性的失败，这也是民航服务系统化的再次体现。

二、服务的释义

服务就是 SERVICE（本意也是服务），其中每个字母都有着丰富的含义。

1. S——Smile（微笑）

其含义是服务员应该对每一位旅客提供微笑服务（见图1.3），所以微笑服务是最基本的服务要求。

图1.3　乘务员的美丽微笑

2. E——Excellent（出色）

其含义是服务员应将每一个服务程序、每一个微小服务工作都做得很出色。如飞机上乘务员主动为旅客打开阅读灯（见图1.4），无论从动作还是表情都展现出空中乘务员出色的服务意识。

图1.4　乘务员主动帮旅客打开阅读灯

3. R——Ready（准备好）

其含义是服务员应该随时准备好为旅客服务。

4. V——Viewing（看待）

其含义是服务员应该将每一位旅客看作是需要提供优质服务的贵宾。

5. I——Inviting（邀请）

其含义是服务员在每一次服务结束时，都应该显示出诚意和敬意，主动邀请旅客再次光临。

6. C——Creating（创造）

其含义是每一位服务员应该想方设法精心创造出使旅客能享受其热情服务的氛围，如近年来流行的机场快闪表演（见图1.5），就体现了民航服务人员的创造性。

图1.5　快闪表演

7. E——Eye（眼光）

其含义是每一位服务员应该始终以热情友好的眼光关注旅客，适应旅客心理，预测旅客要求，及时提供有效的服务，使旅客时刻感受到服务员在关心自己。

三、民航服务的原则

1. 真诚服务

1）真诚的内涵

真诚是指真实诚恳，没有一点虚假。真诚还要求员工做人做事要摆正自己的位置，要安分守己。真诚要求人们注重自身品德的修养，成为一个真诚的人。首要的是勤于学习，二是勤于事务，三是懂得荣辱。

2）真诚的表现

时刻为旅客的利益着想。

2. 感恩服务

1）感恩的内涵

感恩即是对他人所给的帮助和恩惠表示感谢和感激之情谊，感恩是服务人员最好的习惯，感恩也是一种回馈。

2）感恩服务

感恩服务，即以一颗感恩的心去善待、呵护旅客，用心服务，用心沟通。

第四节　民航服务礼仪的功能与作用

礼仪作为一种行为规范和行为模式，在人类社会生活的各个方面都发挥着重要作用，同样在民航服务过程中也彰显出它不可替代的功能。

民航服务礼仪是指民航工作人员在提供服务工作中应遵守的行为规范。它涉及民航工作的各个环节，包括机场地面的售票、问询、值机、安检、旅客登机到飞行中的供餐、特殊旅客服务等。

民航服务礼仪包括民航企业和员工的服务态度以及民航单位、民航员工所表现出来的形象。用心为旅客服务、有爱岗敬业的工作热情是民航服务礼仪的首要内容。民航形象是通过民航设施、设备的安全性，以及民航员工的仪容仪表展现的。民航服务礼仪则是由民航员工的言谈、举止、音容笑貌和敬人、敬己的行为准则来体现。在民航服务的各个环节中，从乘客订票到迎接乘客登机，与乘客沟通，到飞行中为乘客提供餐饮、为某些特殊旅客提供特殊服务、托运行李等，都有一套具体的行为规范。

1. 民航服务服饰礼仪

服装的款式在表现服装的目的性方面发挥着一定的作用。穿着得体的职业装（见图1.6），不仅是对服务对象的尊重，同时也使着装者有一种职业的自豪感、责任感。首先，职业装要穿出民航人的美丽，美丽得体的服装不仅让旅客有赏心悦目的美感，还有亲切放松的旅途体验；其次，要体现民航人的职业形象，端庄、大方、稳重，给旅客可依赖的安全感。

图1.6 乘务员制服（冬装和夏装）

2. 民航服务仪表、仪态礼仪

仪表、仪态礼仪不仅是一个人的外在形象，更是个人修养的体现。良好的仪表、仪态在民航服务工作过程中是非常重要的，是民航精神面貌的体现，民航服务人员基本的仪表、仪态要求是干净整洁、大方优雅（见图1.7）。

图1.7 乘务员优雅的仪表、仪态

3. 民航服务语言礼仪

语言是服务交流中重要的沟通手段，具有不可替代的作用。民航服务语言除了要在表达上清晰准确外，还要以"礼"相待。一般多用谦辞敬语，例如"请""谢谢"等，道歉语一般使用"对不起"或"很抱歉"，而不使用"不好意思"，给旅客感觉不够真诚。

除以上三大模块外，民航服务还涉及众多礼仪问题，如涉外礼仪、餐饮礼仪、公务接待礼仪等。服务是企业的软实力，体现企业服务水平的服务礼仪尤其不可或缺。提升服务礼仪具有以下功能：

（1）有助于民航员工提高个人素质；

（2）有助于加强对旅客的尊重；

（3）有助于提高航空公司的服务质量和服务水平；

（4）有助于塑造航空公司的整体形象；

（5）有助于提高企业的经济效益和社会效益。

第五节　民航服务人员加强礼仪修养的重要性

安全、快捷、舒适是航空运输的最大优点，目前，面对来自行业内外强大的双重竞争压力，各航空企业的立足之本便是服务质量，而体现这一特点的唯一途径就是民航一线岗位的服务工作。

北欧航空公司（见图1.8）前CEO卡尔松于1986年出版了他的著作《关键时刻》（见图1.9），这本书一经出版，就引起了各界的极大关注，其中一个重要原因，就是卡尔松在《关键时刻》一书中提出了著名的"15秒钟理论"。2005年，北欧航空公司总共运载1000万名乘客，平均每人接触5名员工，每次15秒钟。也就是说，这1000万名乘客每人每年都对北欧航空公司"产生"5次印象，每次15秒钟，全年总计5000万次。这5000万次"关键时刻"便决定了公司未来的成败。因此，卡尔松认为，必须利用这5000万次的关键时刻来向乘客证明，搭乘我们的班机是最明智的选择。他说："在北欧航空公司，我们曾经认为飞机、维修基地、办公室和办事流程就是公司的全部，但如果你询问乘客对北欧航空公司有何印象，他们不会说我们的飞机怎样，我们的办公室怎样，或者我们如何筹措资金。相反，他们谈论最多的还是有关北欧航空公司的'人'。北欧航空公司不仅是一堆有形资产的集合,更重要的还在于乘客与直接服务的一线员工之间进行着怎样的接触。而只有对服务满意的顾客,才是公司唯一有价值的资产。"凭借"15秒钟理论",在卡尔松接管北欧航空公司6年之后,公司成功转型为以顾客为导向,通过一线服务重塑企业形象,最终扭亏为盈。

图1.8　北欧航空公司

图1.9　卡尔松著作《关键时刻》

近年来,国内屡次出现民航服务人员与乘客发生争执、冲突的事件,时常会看到某航空公司工作人员态度恶劣、辱骂旅客,甚至大打出手的报道,其后果不仅直接影响了公司的经济效益,更破坏了公司甚至整个民航业的形象和声誉。由此可见，提高民航服务人员的服务意识，加强礼仪修养是民航业人才培养工作中的重中之重，这项任务的重大意义主要体现在以下几个方面。

（1）有助于提高民航服务人员的个人素质。民航服务人员的职业素养中，礼仪是一个非常重要的部分，提升礼仪修养有助于个人素质的提升。

（2）有助于提高旅客满意度。服务人员所表现出的礼仪素养，会使旅客感觉受到服务者的重视和尊重，进而提高他们的满意度。

（3）有助于提高民航企业的服务质量。服务意识与礼仪修养直接影响着所提供服务的质量和水平，是民航企业服务质量优劣的决定性因素。

（4）有助于塑造民航企业的整体形象，提高企业声誉。民航服务人员在工作过程中代表的不止是个人，更代表了整个公司，他们所表现出的礼仪素养直接关系着所属公司的企业形象。因此，加强一线人员的礼仪修养有助于公司整体形象的提升。

（5）有助于提高民航企业的经济效益和社会效益。民航企业是以盈利为目的的，一线服务人员作为各公司的"门面"，直接与旅客接触，承担着为公司赢得顾客的重要责任，他们的礼仪素养和所提供服务的优劣，在当下服务质量决定经营效益的时代，必然决定着公司的经济利益和发展状况。

第二章

民航服务人员职业素养

第一节 民航服务人员的个性特点与情绪调控

一、民航服务人员个性特点

（一）气质的分类

1. 气质的概念

气质（Temperament）是指人的相对稳定的个性特点和风格气度。心理学认为，气质是不以人的活动目的和内容为转移的、心理活动的、典型的、稳定的动力特征。要理解气质，我们必须知道：气质是指个人的性情或脾气，指个人心情随情境变化而随之改变的倾向，亦即个体的反应倾向。气质也指一个人的风格和气度。

对于气质的解释还有一种说法，这种说法主要阐释了生理与情绪之间的人的内在的化学反映，认为气质是由人的生理素质或身体特点反映出的人格特征，是人格形成的基本因素之一。在新生儿期即有表现，如有的婴儿安静，有的好哭，必然影响父母或哺育者与婴儿的互动关系，从而影响人格的形成。表现在心理活动的动力特征上，如心理过程的速度、强度、稳定性、指向性和灵活性等。具体表现为情绪体验的强弱、意志力的大小、注意力集中时间的长短、知觉或思维的快慢等，使个体的全部心理活动呈现独特的色彩。气质与人格的区别在于：人格的形成除以气质、体质等先天禀赋为基础外，社会环境的影响起决定作用；而气质是人格中的先天倾向。

2. 气质类型

希波克拉底是古希腊著名的医生，他认为体液即是人体性质的物质基础。他在"四根说"发展为"四液说"的基础上,进一步加以系统化。希波克拉底认为,人体中有四种性质不同的液体,它们来自于不同的器官。其中,黏液生于脑,是水根,有冷的性质;黄胆汁生于肝,是气根,有热的性质;黑胆汁生于胃,是土根,有渐温的性质;血液出于心脏,是火根,有干燥的性质。人的体质不同,是由于四种体液的不同比例所致。

根据四液说,心理学界普遍认同将人的气质划分为四种典型类型(见表2-1)。

表2-1 气质类型与神经活动特点

气质类型	神经系统的基本特点	高级神经活动类型
多血质	强、平衡、灵活	活泼型
胆汁质	强、不平衡	兴奋型
黏液质	强、平衡、不灵活	安静型
抑郁质	弱	抑制型

(1)多血质。多血质的人属于活泼型。此种气质类型的人活泼好动,反应迅速,思维敏捷,灵活而易动感情,富有朝气,情绪的发生快而多变,表情丰富,但情感体验不深。例如:王熙凤、曹操、赫尔岑(俄罗斯)等人。

(2)胆汁质。胆汁质的人属于兴奋型或不可抑制型。此种气质类型的人,表现为精力旺盛,反应迅速,情感体验强烈,情绪发生快而强,易冲动,但平息很快。例如:张飞、李逵、鲁智深等人。

(3)黏液质。黏液质的人属于安静型。此种气质类型的人安静、沉着、稳重、反应较慢;思维、言语及行动迟缓,不灵活;注意力比较稳定且不易转移。例如:林冲、薛宝钗等人。

(4)抑郁质。抑郁质的人属于抑制型。此种气质类型的人感受性高,观察仔细,对刺激敏感,善于观察别人不易觉察的细微小事,反应缓慢,动作迟钝,多愁善感,体验深刻和持久,但极少外露。例如:林黛玉、果戈里(俄罗斯)等人。

气质无好坏之分,气质类型不能决定人的社会价值大小与社会成就的高低,但是任何气质都有积极的一面,有消极的一面。例如,多血质的人,情绪丰富,接受能力强,容易适应新的环境,但也可能情绪多变,注意力不稳定;胆汁质的人,精力充沛,生气勃勃,也可能暴躁,冲动,感情用事,缺乏自制力;黏液质的人,安详沉静,有自制力,有耐心,也可能冷淡,刻板,顽固不化;抑郁质的人,感情细腻,深刻,观察敏锐,也可能多疑,孤僻,怯懦。

（二）不同气质类型的服务人员如何提升服务

人的气质对行为、活动的进行及其效率有着一定的影响，因此了解气质对于组织生产、选拔人才、工作分工等方面都有重要的意义。气质不影响活动的性质，但可以影响活动的效率。如果在学习、工作、生活中考虑到这一点，就能够有效地提高自己和他人的效率。人的气质无好坏之分，气质类型也无好坏之分，在评定人的气质时不能认为一种气质类型是好的，另一种气质类型是坏的。每一种气质都有积极和消极的方面。如胆汁质的人可成为积极、热情的人，也可以成为任性、粗暴、易发脾气的人；多血质的人情感丰富、工作能力强，容易适应新的环境，但注意力不够集中，兴趣容易转移，无恒心。气质相同的人之间存在成就的高低和善恶的区别。抑郁质的人在工作中耐受能力差，容易感到疲劳，但感情细腻，做事谨慎小心，观察力敏锐，善于感觉到别人不易察觉的细小事物。

（1）多血质。多血质的民航服务人员属于活泼型，适合从事问询、贵宾服务、顾客投诉处理、空中乘务等工作。具有此种气质类型的民航服务人员适应新环境能力强、工作能力强、活泼好动、反应迅速、思维敏捷、灵活而易动感情、富有朝气，情绪发生快而多变，表情丰富，但情感体验不深、无恒心。工作中应注意计划性、有自己的目标。

（2）胆汁质。胆汁质的民航服务人员属于兴奋型或不可抑制型，适合从事机场问询等工作。具有此种气质类型的民航服务人员，在工作中精力旺盛、对服务反应迅速、情感体验强烈、情绪发生快而强，易冲动，但平息很快。在工作中应该注意控制自己的情绪。

（3）黏液质。黏液质的民航服务人员属于安静型，适合从事细腻、单调的工作，如售票、值机、配载员、塔台管制员、飞行员、空中警察、安全员等工作。具有此种气质类型的民航服务人员工作中安静、沉着、稳重、反应较慢，思维、言语及行动迟缓、不灵活，注意力比较稳定且不易转移。工作中应更多地重视反应力的提升，加大灵活度的训练。

（4）抑郁质。抑郁质的民航服务人员属于抑制型，适合从事细心、单调、耐心的工作，如收益管理员、策划人员等。具有此种气质类型的民航服务人员工作中感受性强，观察力敏锐，对刺激敏感，善于观察别人不易觉察的细微小事，反应缓慢，动作迟钝，多愁善感，体验深刻和持久，容易感到疲劳，但极少外露。在工作中应更多地关注积极面。

二、民航服务人员的情绪调控

民航服务人员需要保持良好的情绪，才能够更好地为旅客服务，服务质量才能得到提升。控制情绪应注意以下几个方面。

1. 主动

主动强调的是民航服务人员的主观能动性，应该站在企业和旅客的角度做好服务工作，全心全意为旅客服务。

2. 热情

热情是指民航服务工作人员对待工作和旅客有真挚的感情。服务人员要像对待亲人一样，以诚恳和蔼的态度、亲切体贴的语言、乐于奉献的精神，做好民航旅客服务工作。

3. 耐心

耐心主要表现为不急躁、不厌烦、能忍耐。民航服务人员要有较高的品行修养，善于控制自己的感情和脾气，约束自己的言行，不意气用事，不说粗暴无礼和过分的话，不做冲动的举动。

4. 周到

周到就是要把工作做到细致入微，面面俱到，其目的在于使旅客感到舒适，也就是服务工作要做得完全、彻底。

第二节　民航服务人员的职业道德

一、道德概念

道德一词，在汉语中可追溯到先秦思想家老子所著的《道德经》一书。有一种观点认为："道"是指自然运行与人世共通的真理；"德"是指人世的德行、品行、王道。当时，道与德是两个概念，并无道德一词，"道德"二字连用始于荀子《劝学》篇："故学至乎礼而止矣，夫是之谓道德之极。"道德，就是依靠社会舆论、传统习惯、教育和人的信念的力量去调整人与人、个人与社会之间关系的一种特殊的行为规范，是规定行为是非的惯例和原则。一般来说，道德是社会基本价值观一个约定俗成的表现，人们一般都会根据自己对社会现象的理解、社会认同的形态，形成与社会大多数人认同的道德观，大多数人能够知道该做什么、

不该做什么，哪些是道德的、哪些是不道德的。

道德一般可分为社会公德、家庭美德、职业道德三类。其中，职业道德是同人们的职业活动紧密联系的符合职业特点所要求的道德准则、道德情操与道德品质的总和，是从事一定职业的人在职业劳动和工作过程中应遵守的与其职业活动相适应的行为规范。职业道德是从业人员在职业活动中应遵守或履行的行为标准和要求，以及应承担的道德责任和义务。

二、道德的特点

（1）道德的思想性。它依靠信念、传统习惯和社会舆论来维系，在思想境界上高于法律。

（2）道德的差异性。不同组织有不同的道德标准。

（3）道德的社会性。道德以与社会道德标准兼容为底线。例如：人可以不高尚，但是不能无耻。要做到这个要求，就必须遵循一些基本的道德标准，这个就是道德底线。

（4）道德的时代性。在人类历史上道德观是与时俱进的。

三、民航服务人员应具备的职业道德

（1）增强职业观念。保障航班安全，改善服务工作，争取航班飞行正常正点到达目的地。

（2）强化职业纪律。没有规矩不成方圆。

（3）培养良好的职业作风。民航员工无论分工如何、能力大小，都要全心全意为旅客、货主服务；坚持集体主义，发扬团队精神，工作严谨，一丝不苟。

（4）端正职业态度。民航从业人员应爱岗敬业，办事公道，讲诚信、守信用，公平、公正地服务于旅客和货主。

（5）提高职业技能。在本职工作实践中，保证安全和为旅客、货主提供优质服务的基础上，加强专业理论学习，不断掌握新知识和新技能。

第三节　民航服务人员的专业化形象——仪容礼仪

仪容，通常是指人的外观、外貌。其中的重点则是指人的容貌。在人际交往中，每个人的仪容都会引起交往对象的特别关注，并将影响到对方对自己的整体评价。

仪容美是"自然美"与"修饰美"的完美结合与统一。"清水出芙蓉，天然去雕饰。"①仪容的自然美虽强调以自然为美，但洁净是重点。一个长相再完美的人，如果不注意个人清洁卫生，那么他在别人心中的形象也会大打折扣。

一、仪容自然美的要求

仪容的自然美是指仪容的先天条件好，天生丽质。尽管以相貌取人不合情理，但先天美好的仪容相貌，无疑会令人赏心悦目，感觉愉快。

仪容礼仪的自然美注意体现干净、整洁两方面。

干净：仪容要干净。要勤洗澡，注意眼角、口角及鼻孔无异物。夏季要勤换衣服，消除身体异味。

整洁：即整齐洁净、清爽。要使仪容整洁，重在持之以恒，注重细节。

二、仪容修饰美的要求

仪容的修饰美是指依照规范与个人条件，对仪容进行必要的修饰，扬其长，避其短，设计、塑造出美好的个人形象，在人际交往中尽量令自己显得得体优雅，自尊自爱。

1．面部修饰

（1）面部干净整洁。

（2）不蓄胡须。

（3）鼻毛不外现。

（4）口无异味。

2．头发修饰

（1）长短合适。

---

① "清水出芙蓉，天然去雕饰"出自李白《经乱离后天恩流夜郎忆旧游书怀赠江夏韦太守良宰》。

（2）禁忌染发。

（3）干净整洁。

（4）发型适宜。

3. 手部及身体修饰

（1）清洁。

（2）不使用醒目的甲彩。

（3）不蓄长指甲。

（4）腋毛及身体不外现。

4. 化妆

（1）"扬长避短"原则。化妆要符合常规审美的标准，应依据自己的脸型及服饰的色彩合理调配并强调自然美。

（2）化妆的"3W"原则。When——什么时间，Where——什么场合，What——做什么。妆容要注意与时间、场合、事件相协调，工作场合应化职业妆，休闲场合妆容要清新自然，交际应酬场合的妆容应时尚大方。

（3）科学性原则。科学地选择化妆品和掌握科学的化妆技法。

（4）专用原则。不可随意使用他人的化妆品。

（5）"修饰避人"的原则。即不在公共场合化妆和补妆。

（6）不以残妆示人，及时补妆。

说明：本小节内容以盘发和化妆实训为主，盘发及化妆技巧详见本书第七章。

第四节 民航服务人员的专业化形象——仪态礼仪

仪态，又称"体态"，是指人的身体姿态和风度。姿态是指身体所呈现的样子，风度则属于内在气质的外化。每个人总是以一定的仪态出现在别人面前，一个人的仪态包括他的所有行为举止：一举一动、一颦一笑、站立的姿势、走路的步态、说话的声调、对人的态度、面部的表情等。而这些外部的表现又是他内在品质、知识、能力等的真实流露。优雅的体态不仅能为自己的个人形象增添魅力，也是体现公司形象的"侧影"。良好仪态的养成更体现出民航人的干练与潇洒。

一、规范的站姿

"站如松"这一古训生动简洁地指明了站姿的标准,要像松树一样坚挺。民航服务岗位中的站姿除了"挺",还要掌握更多的相关要领与技巧。

二、优雅的坐姿

正确规范的礼仪坐姿要求端庄而优美,给人以文雅、稳重、自然大方的美感。坐,作为一种举止,有着美与丑、优雅与粗俗之分。正确的礼仪坐姿要求"坐如钟",指人的坐姿应像座钟般端直。

三、优美的行姿

行姿就是指人走路时的样子,它是一种动态的姿势,是站姿的一种延续,行姿可以展现人的动态美。

在日常生活或公众场合中,走路是基本的肢体语言,它能够将一个人的韵味和风度表现出来。

四、正确的蹲姿

欧美国家的人认为"蹲"这个动作是不雅观的,所以只有在非常必要的时候才蹲下来做某件事情。日常生活中,蹲下捡东西或者系鞋带时一定要注意自己的姿态,尽量迅速、美观,保持大方、端庄的蹲姿。

五、从容的手势

手势,又叫手姿。由于手是人的身体上最灵活自如的一个部位,所以手势是体语之中最丰富、最有表现力的。手势,实际所指的就是人的两只手臂所做的动作。其中,双手的动作是其核心所在。它既可以是静态的,也可以是动态的。

手势表现的含义非常丰富,表达的感情也非常微妙复杂。如招手致意、挥手告别、拍手称赞、拱手致谢、举手赞同、摆手拒绝;手抚是爱、手指是怒、手搂是亲、手捧是敬、手遮是羞,等等。手势的含义,或是发出信息,或是表示喜恶、表达感情。能够恰当地运用手势表情达意,会为交际形象增辉。

1. 人际交往中的手势

（1）掌心向下的招手动作。这种手势在中国主要是召唤别人过来，在美国则表示召唤宠物过来。

（2）竖大拇指。这种手势一般表示顺利或夸奖别人。但也有很多例外，在美国和欧洲部分地区，表示要搭车；在德国表示数字"1"；在日本表示数字"5"；在澳大利亚就表示骂人。与别人谈话时将拇指翘起来反向指向第三者，即以拇指指腹的反面指向除交谈对象外的另一人，是对第三者的嘲讽。

（3）OK手势。这种手势由拇指、食指相接成环形，其余三指伸直，掌心向外。OK手势源于美国，在美国表示"同意""顺利""很好"的意思；而法国表示"零"或"毫无价值"；在日本是表示"钱"；在泰国表示"没问题"；在巴西表示"粗俗下流"。

（4）V形手势。这种手势是第二次世界大战时英国首相丘吉尔首先使用的，现在已传遍世界，是表示"胜利"。如果掌心向内，就变成骂人的手势了。

2. 服务岗位中常用引导手势

（1）曲臂式。

（2）反向曲臂式。

（3）直臂式。

（4）斜臂式（斜摆式）。

（5）双臂横摆式。

说明：本小节内容以实训为主，详细仪态礼仪要求及训练方法见本书第八章。

第五节　民航服务人员的专业化形象——仪表礼仪

一个人的穿着打扮，就是他的教养、品味、地位的最真实的写照。

——莎士比亚

案例导入

心理学家曾做过一个有趣的实验，把12张姑娘的照片给受试者看，其中10人容貌服饰姣好，另两位姑娘长相较差，衣服也破旧。心理学家告诉受试者，其中一人是小偷，结果，有80%的受试者认为后两者是小偷。这说明人们总是喜欢那些看上去令人感觉舒适、有美感的人。美好的长相、匀称挺拔的身材、美观大方的服饰均能增添人的仪表魅力，给人以舒服、美好的感觉。如果说，人的长相是天生的，身材长短难以变更，而服饰确实是可以变化的。

服饰，从字面上看，指的是服装和饰物，包括服装、鞋、帽、袜子、手套、围巾、领带、提包、阳伞、发饰等。一方面，它表现为有形的物质，如衣冠、裙、履、饰物等，具有物质形态和使用价值，是人类社会的物质文明成果；另一方面，它表现为无形的文化，如人类的知识、经验、信仰、风俗、习惯、审美情趣等，具有非物质文化和隐性的价值，是人类社会精神文明的成果。

一、着装的基本原则

职业着装强调"庄重、简洁、大方"。职业着装主要有以下几大原则。

1. 整洁原则

着装不一定追求高档时髦，但要衣着大方合体，保持干净整洁，熨烫平整，穿着得体，纽扣齐全。

2. 个性原则

这里有两层含义：穿着对象和交际对象。也就是说，你的穿着既要适合自己，能表现自己的个性风格，又要对应别人，与你的交际对象保持协调一致。

3. 和谐原则

着装，还受容貌肤色、年龄、职业、性格等多种因素的影响。比如，肤色偏黄，却爱穿土黄色或黑色服装，越发像"出土文物"。着装还要综合考虑自己各方面的条件和社会条件，使之穿出自我、穿出个性。比如，外形和气质都比较活泼的年轻姑娘，穿着可以比较艺术、夸张；而一位公司女性高层管理人员的服饰设计则应体现出精明干练、独立果敢中透出一种温和娴雅。

4. 三色原则

三色原则是指我们在正式场合，全身衣服颜色必须控制在三种以内，否则会显得不伦不类，有失庄重和保守。

5. TPO 原则

TPO 是 Time、Place 和 Occasion 三个英文单词的缩写。

（1）Time 指的是时间、季节、时令，还可延伸到时尚现代化。比如，封建时代，女子一律穿旗袍，男子一律是长袍马褂、对襟开衫，若有人穿西装就会被讥笑为"假洋鬼子"；而现在服装已成为显示风度气质、文化修养和身份地位的重要工具。服装有季节性，如在深秋时节穿一件无袖轻薄的连衣裙，很难给人留下美感。服装还有时间性，一般有日装、晚装之分。日装要求轻便、舒适，便于活动，但款式不可以使身体裸露，而晚装则要求艳丽、华贵，可适当裸露，因此日装、晚装不能颠倒。

（2）Place 指的是地点、场合、职位。着装配饰当然要考虑所在的地点，在自己家里接待客人，可以穿着舒适但整洁的休闲服；如果是去公司或单位拜访，穿职业套装会显得专业；外出时要顾及当地的传统和风俗习惯，如去教堂或寺庙等场所，不能穿着过露或过短的服装。入境随俗，着装搭配的理念要随地点而调整。

（3）Occasion 是指场合，可以延伸为氛围、规格，也就是着装要与氛围、规格相匹配。与顾客会谈、参加正式会议等，衣着应庄重考究；听音乐会或看芭蕾舞，则应按惯例着正装；出席正式宴会时，则应穿中国的传统旗袍或西方的长裙晚礼服；而在朋友聚会、郊游等场合，着装应轻便舒适。试想一下，如果大家都穿便装，你却穿礼服就有欠轻松；同样的，如果以便装出席正式宴会，不但是对宴会主人的不尊重，也会令自己尴尬。

二、服装的色彩组合

色彩，是服装留给人们记忆最深的印象之一，而且在很大程度上也是服装穿着成败的关键所在。色彩对他人的刺激最快速、最强烈、最深刻，所以被称为"服装之第一可视物"。适合你的颜色跟你与生俱来的肤色、发色、瞳孔色等"人体色"特征有很大关系，服装颜色选择得好可以使你的脸色健康、气质美好；反之，则会使你的脸色晦暗、气质不佳。

一般来讲，不同色彩的服饰在不同的场合所产生的效果是不同的，为此需要对色彩的象征性有一定的了解。

（1）黑色：象征神秘、悲哀、静寂、死亡，或者刚强、坚定、冷峻；
（2）白色：象征纯洁、明亮、朴素、神圣、高雅、恬淡，或者空虚、无望；
（3）黄色：象征炽热、光明、庄严、明丽、希望、高贵、权威；
（4）大红：象征活力、热烈、激情、奔放、喜庆、福禄、爱情、革命；
（5）粉红：象征柔和、温馨、温情；
（6）紫色：象征谦和、平静、沉稳、亲切；
（7）绿色：象征生命、新鲜、青春、新生、自然、朝气；
（8）浅蓝：象征纯洁、清爽、文静、梦幻；

（9）深蓝：象征自信、沉静、平静、深邃；

（10）灰色是中间色，象征中立、和气、文雅。

人们在穿着服装时，在色彩的选择上既要考虑个性、爱好、季节，又要兼顾他人的观感和所处的场合。所以，明代卫泳在《缘饰》中说，春服宜清，夏服宜爽，秋服宜雅，冬服宜艳；见客宜重装；远行宜淡服；花下宜素服；对雪宜丽服。古人对服饰的研究的确值得我们借鉴。

对一般人而言，在服装的色彩上要想获得成功，最重要的是掌握色彩的特性、色彩的搭配以及正装色彩的选择这三个方面。

1. 色彩的特性

色彩具有冷暖、轻重、缩扩等特性。

（1）色彩的冷暖。使人产生温暖、热烈、兴奋之感的色彩为暖色，如红色、黄色；使人有寒冷、抑制、平静之感的色彩叫冷色，如蓝色、黑色、绿色。

（2）色彩的轻重。色彩明暗变化程度，被称为明度。不同明度的色彩往往给人以轻重不同的感觉。色彩越浅，明度越强，它使人有上升之感、轻感。色彩越深，明度越弱，它使人有下垂之感、重感。人们平日的着装，通常讲究上浅下深。

（3）色彩的缩扩。色彩的波长不同给人收缩或扩张的感觉有所不同。一般来讲，冷色、深色属收缩色，暖色、浅色则为扩张色。运用到服装上，前者使人苗条，后者使人丰满，二者皆可使人在形体方面避短扬长，运用不当则会暴露形体上的缺陷。

2. 色彩的搭配

色彩的搭配主要有统一法、对比法、呼应法。

（1）统一法。即配色时尽量采用同一色系之中各种明度不同的色彩，按照深浅不同的程度搭配，以便创造出和谐感。例如，穿西服按照统一法可以选择这样搭配：如果采用灰色色系，由外向内逐渐变浅，即深灰色西服——浅灰底花纹的领带——白色衬衫。这种方法适用于工作场合或庄重的社交场合的着装配色。

（2）对比法。即在配色时运用冷色、深色、明暗两种特性相反的色彩进行组合的方法。它可以使着装在色彩上反差强烈，静中求动，突出个性。但有一点要注意，运用对比法时忌讳上下二分之一对比，否则给人以拦腰一刀的感觉，要找到黄金分割点（即身高的三分之一点，亦穿衬衣从上往下第四、第五个扣子之间），这样才有美感。

（3）呼应法。即在配色时，在某些相关部位刻意采用同一色彩，以便使其遥相呼应，产生美感。例如，在社交场合穿西服的男士讲究"三一律"。所谓"三一律"就是男士在正式场合时应使公文包、腰带、皮鞋的色彩相同，让三者之间相互呼应。

3. 正装的色彩

非正式场合所穿的便装，色彩上要求不高，往往可以听任自便，而正式场合穿的服装，其色彩却要多加注意。总体上，要求正装色彩应当以少为宜，最好将其控制在三种色彩之内。这样有助于保持正装保守的总体风格，显得简洁、和谐。正装若超过三种色彩则给人以繁杂、低俗之感。正装色彩，一般应为单色、深色并且无图案。最标准的正装色彩是蓝色、灰色、棕色、黑色。衬衣的色彩最佳为白色，皮鞋、袜子、公文包的色彩宜为深色，其中又以黑色为最佳。

此外，肤色也关系到着装的色彩，浅黄色皮肤者，也就是我们所说的皮肤白净的人，对颜色的选择性不那么强，穿什么颜色的衣服都合适，尤其是穿不加配色的黑色衣裤，则会显得更加动人。暗黄或浅褐色皮肤，也就是皮肤较黑的人，要尽量避免穿深色服装，特别是深褐色、黑紫色的服装。一般来说，这类肤色的人选择红色、黄色的服装比较合适。肤色呈病黄或苍白的人，最好不要穿紫红色的服装，以免使脸色呈现出黄绿色，加重病态感；皮肤黑中透红的人，则应避免穿红、浅绿等颜色的服装，而应穿浅黄、白等颜色的服装。

三、民航员工正装的穿着

（一）男士着装注意事项

1. 制服

制服是由某一个企业统一制作，并要求某一个部门、某一个职务与级别的公司员工统一穿着的服装。简言之，所谓制服是指面料统一、色彩统一、款式统一、穿着统一的正式工作服装。因为制服体现着所在企业的形象，反映着企业的规范化程度，每一位商务人员对此绝对不可以马虎大意。穿着制服最重要的一个禁忌，就是不允许制服便服混穿，也不允许随意搭配。

2. 西服

西服（见图 2.1）是在西方国家较为通行的两件套，或者三件套的统一面料的、统一色彩的、规范化的正式场合的服装。西服的扣子有单排扣和双排扣之分，单排扣西服的最基本的讲究就是最下面的那粒扣子永远不系，不管是两粒扣、三粒扣还是四粒扣。双排扣西服一般扣子都要系上，只有坐下时，将最下边的扣子解开,以防止服装"扭曲走样"。而三件套的西服,马甲无论是单穿还是同西服搭配穿,都必须认真地系上扣子。

图 2.1　男士西服

穿着西服,对民航从业人员而言,体现其身份,也体现其所在企业的规范化程度。民航从业人员穿着西服时,必须了解衬衫、领带、鞋袜和公文包等与之组合搭配的基本常识,才能真正地穿出品位。因此,穿着西服必须遵守基本的穿着规范。西服穿着讲究三色原则、三一定律、三大禁忌。

(1) 三色原则。男士在正式场合穿着西服套装时,全身颜色必须限制在三种之内,否则就会显得失之于庄重和保守。

(2) 三一定律。男士穿着西服、套装时,身上三个部位——鞋子、腰带、公文包的色彩必须协调统一起来。最理想的选择是鞋子、腰带、公文包皆为黑色,其色彩统一,有助于提升穿着者的品位。还有一点值得注意,正式场合使用的腰带,以黑色皮革制品为佳,宽度一般不超过3厘米;公文包一般也以黑色皮革制品为宜,公文包中一般可以装文件、钱包、名片、手机、笔、本、钥匙等物品。因为西服口袋不适宜放东西,最好随身携带一只公文包。

(3) 三大禁忌。男士在正式场合穿着西服、套装时,不能出现以下三种错误:

① 袖口上的商标没有拆;

② 在非常正式的场合穿着夹克打领带:在正式场合,尤其是对外商务交往中,穿夹克打领带是绝对不能接受的;

③ 男士在正式场合穿着西服套装时袜子出现了问题:两只袜子颜色不统一,穿着尼龙袜和白色袜子。

3．衬衣的穿法

衬衣只能穿一件。在正式场合穿的衬衣，应为白衬衣、单色的、没有过多的图案，格子、条纹之类的衬衣尽量少穿，彩色的一般不要穿。还要特别注意的是，长袖衬衣是正装，短袖衬衣是休闲装，不宜用短袖衬衣来搭配西装。长袖衬衣还有几个细节一定要注意：

（1）长袖衬衣里面穿内衣、背心的时候，应注意领型选择 U 型领或 V 型领，不能让领露出来，不打领带时，衬衣最上面的扣子一般不扣紧。

（2）西服衬衣分为很多类型，一般搭配西装的衬衣是扣领衬衣，除了扣领衬衣以外还有窄领衬衣、阔领衬衣、立领衬衣、翼领衬衣。一般立领衬衣是单独穿着，或者搭配休闲装，而翼领衬衣一般搭配蝴蝶结，穿燕尾服、礼服的时候使用。

（3）在穿着衬衣的时候，衬衣的衣领应高于西服领 1.2 厘米；衬衣的袖口应长于西装袖口 1～2 厘米。

4．领带和领带夹

1）领带

男士穿西装时，最抢眼的，通常不是西装本身，而是领带。因此，领带被称为"西装的灵魂"。一位只有一身西装的男士，只要经常更换不同的领带，往往也能给人耳目一新的感觉。

领带属于男士的饰物，因此女士一般不打领带。穿西装时，特别是穿西装套装时，不打领带往往会使西装黯然失色。

（1）领带的花色与图案。领带的花色一般可分为素色（见图 2.2）、斜纹（见图 2.3）、圆点（见图 2.4）和几何图案（见图 2.5）等，都能够与任何款式的西服或衬衫搭配。但要注意的是草履虫图纹的领带（见图 2.6）却只能在休闲时穿戴，在上班时应避免使用。

图 2.2　素色

图 2.3　斜纹

图 2.4　圆点　　　　图 2.5　几何图案

图 2.6　草履虫图纹领带

（2）领带的款式。领带的款式主要体现在领带的宽度上，有三种款式，常用的领带宽度多为 8~9 厘米，最宽的可达 12 厘米，最窄的仅有 5~7 厘米。在选择领带的宽度时应与自己身体的宽度成正比，体型较胖者应选择较宽的领带，体型较瘦者应选择较窄的领带。领带还有箭头与平头之分。箭头下端为倒三角形，适用于各种场合，比较传统；下端为平头的领带，比较时髦，多适用于非正式场合。

（3）领带的面料。领带的季节性一般来说也是很有学问的，在炎炎夏日里最好佩带丝和绸等材质的轻软型领带，领带结也要打得比较小，给人以清爽感。

（4）领带色彩搭配。一般穿银灰、乳白色西服，适宜配戴大红、朱红、墨绿、海蓝、褐黑色的领带，会给人以文静、秀丽、潇洒的感觉；穿红色、紫红色西服，适宜配戴乳白、乳黄、银灰、湖蓝、翠绿色的领带，以显示出一种典雅华贵的效果；穿深蓝、墨绿色西服，适宜佩带橙黄、乳白、浅蓝、玫瑰色的领带，如此穿戴会给人一种深沉、含蓄的美感；穿褐色、深绿色西服，适宜配戴天蓝、乳黄、橙黄色的领带，会显示出一种秀气飘逸的风度；穿黑色、棕色的西服，适宜配戴银灰色、乳白色、蓝色、白红条纹或蓝黑条纹的领带，这样会显得更加庄重大方。还应注意色彩与季节的配合，秋冬季里颜色就要以暖色为主，例如深红色、咖啡色之类的暖色调在视觉上就会产生温暖的感觉；在春夏季节可以以冷色调为主，暖色调为辅。

（5）领带的长度。领带通常长约 130～150 厘米。领带打好之后，大箭头应略长于小箭头。其标准的长度，应当是大箭头的下端正好触及腰带扣的上端，可以盖过腰带扣，但是不能长于或短于腰带扣。

2）领带夹

领带夹是为了使领带保持贴身、下垂的服饰用品。正式场合下把领带夹在衬衣襟上，这样领带会显得比较笔直也不会被风吹起，弯腰时也不会直垂向地面。应在穿西服时使用，也就是说单穿长袖衬衫时没必要使用领带夹，更不要在穿夹克时使用领带夹。

穿西服时使用领带夹，应将其别在特定的位置，即从上往下数，在衬衫的第四与第五粒钮扣之间，将领带夹别上，然后扣上西服上衣的扣子，从外面应当看不见领带夹。按照服饰礼仪的规定，领带夹的主要用途是固定领带，如果佩戴时外露会显得过分张扬。

3）领带的打法

领带的打法详见本书第七章。

（二）女士着装注意事项

1. 套裙的选择

西装套裙（见图 2.7），简称套裙，是指上装穿西装，下装为开衩直筒裙的组合搭配方式，是女士在正式场合常穿的服装之一。套裙把潇洒、刚健的西装上衣和柔美、雅致的裙子结合在一起，刚柔结合、相得益彰，显示女性的神秘韵味，但是在穿着西装套裙时应该把握以下几种着装规范。

图 2.7　女士西装套裙

(1) 面料。一般在正式场合穿着的套裙，应该由高档面料缝制，上衣和裙子一般要采用同一种质地、同一色彩的素色面料。衬衣一般要求轻薄而柔软，如真丝、麻纱都可以用作其面料。

(2) 色彩。西装套裙应以冷色调为主，这样可以体现出着装者的典雅、端庄与稳重。一套西装套裙的全部颜色一般不要超过三种。

(3) 尺寸。女士套裙一般上衣不宜过长，下裙不宜过短。

(4) 配件。女士正装尤其是制服配件以丝巾为主，选择一条合适的丝巾能起到画龙点睛的作用，制服配上丝巾往往能展示职业女性温婉、柔和的形象。

说明：丝巾的系法详见本书第七章。

2. 套裙穿着的四大禁忌

女士职场着装忌穿黑色皮裙，裙、鞋、袜不搭配，光脚，三截腿。

(1) 穿着黑色皮裙。因为在外国，只有街头女郎才如此装扮，所以与外国人打交道时，尤其是出访欧美国家时，穿着黑色皮裙绝对不可以。

(2) 裙、鞋、袜不搭配。鞋子应为高跟或半高跟皮鞋，鞋跟高度一般在3~6厘米之间，鞋子颜色宜为单色，有黑色、浅棕色作为常规选择，与套裙色彩一致的皮鞋亦可选择；袜子一般为连裤袜，袜子应当完好无损，袜子颜色以肉色或浅咖啡色最为正式。

(3) 光脚。光脚不仅显得不够正式，而且不太美观。在国际交往中，穿着裙装，尤其是穿着套裙时不穿袜子，是极其不雅的。

(4) 三截腿。三截腿指穿裙装时，穿半截袜子，袜子和裙子中间露一段腿肚子，结果导致裙子一截，袜子一截，腿肚子一截。

3. 职业场合着装六忌

(1) 过分杂乱。

(2) 过分鲜艳。

(3) 过分暴露。一般在正装着装中有6个地方不宜暴露：不暴露胸部、不暴露肩部、不暴露腰部、不暴露背部、不暴露脚趾、不暴露脚跟。

(4) 过分的透视。

(5) 过分短小。

(6) 过分紧身。

职业着装检测表如表2-2所列。

表2-2 职业着装检测表

检查项目	检查内容	分值	实际得分
1	现在穿的制服是否干净	10	
	现在穿的制服是否熨烫整齐		
	制服的扣子是否扣好		
2	上下身的颜色是否搭配	10	
3	衬衫的领子或袖口是否干净	10	
4	领带/丝巾是否系好	10	
	领带/丝巾结扣是否漂亮		
5	口袋里是否放了很多东西	10	
6	佩戴的饰物款式是否夸张	10	
	佩戴的饰物数量是否过多		
7	裤子/裙子是否过长或过短	10	
8	袜子是否肮脏	10	
	袜子是否有破洞		
	袜子的颜色是否合适		
9	鞋子款式是否搭配	10	
	鞋子是否干净		
10	佩戴的胸牌是否在规定位置	10	

四、饰物佩戴的原则

对于服饰而言，首饰起着辅助、烘托、陪衬、美化的作用。从审美的角度来看，它与服装、化妆一道被列为人们用以装饰、美化自身的三大方法之一。较之于服装，它常常发挥画龙点睛的作用。

在使用首饰时宁肯不用也不要乱用，所以使用首饰要讲究以下礼仪：

（1）数量原则。在数量上以少为佳，可以不必佩戴，若佩戴时数量不超过三种，除耳环、戒指外，同类首饰不要超过一件，否则会给人凌乱之感，因此首饰选择要力求简单。

（2）色彩原则。在色彩和质地上要力求同质同色，若同时佩戴两件或两件以上首饰时，首先应考虑首饰是不是同一种质地，如果不能保证同一种质地，那么在色彩上最好保持一致。如佩戴铂金的耳环应该搭配铂金的项链或戒指，如果没有铂金的项链或戒指应该佩戴白银质地的，保持同色，同时还要注意首饰的色彩与服装的色彩协调。

（3）身份原则。佩戴首饰要符合本人的身份，应与自己的性别、年龄、职业、工作环境保持一致。有些行业不宜戴首饰，如医务工作者、酒店服务员、厨师等，这是由于行业特点决定的，该行业的人员应无条件地遵守。

（4）体型相配原则。选择首饰应与自己的体型相协调。如脖子长的人适合戴短、粗的项链，脖子短的人适合戴细、长的项链；手掌大、手指粗的人不宜戴过大或过小的戒指，而手指短粗的人适合戴线条流畅的戒指，应避免戴方形戒指或大嵌宝戒指；手掌与手指偏小的人不适合戴大戒指，而适合戴小巧玲珑的小型戒指或小钻戒，可令手指秀丽可爱。

（5）符合习俗原则。戒指戴在不同的手指上有不同的寓意，国际上约定俗成的说法是：戒指戴在食指上表示无偶而求爱，戴在中指上表示自己正在热恋或订婚，戴在无名指上表示已婚，戴在小指上表示自己是独身主义者，大拇指上一般不佩戴戒指。

五、中西方服饰文化的差异

西方服饰文化是指以地中海文明为基础，欧洲中世纪以来发展形成的基督教文化圈中的服饰文化。西方服饰文化刻意追求表现人体美，而忽视了服饰伦理。中国服饰文化由于受到传统的伦理价值观念的影响仍或多或少地保留着一些道德上的传统。中国服饰艺术不是突出人体美，而是充分调动艺术造型等手段追求一种装饰美，即一种超越形体的精神空间。从中国清朝以前的服装款式来看，遮蔽人体的宽袍大袖是中国传统服饰的主流。即使某些人的形体很美，这种服装也无法展现美的形体。

中国服饰文化缺乏像伊斯兰国家一样的宗教观念的制约，所以很难抵御西方突出人体美的服饰审美价值观的侵蚀。近代的旗袍和现代都市女性的各种展现人体美的服装便证明了这一点。

中西方服饰主要有几下几点不同。

1. 不同的衣料文化

脱离茹毛饮血①的原始社会后，人类在不同的地理环境中创造出不同的衣料文化。中国人很早就开始利用葛、亚麻等植物纤维和羊毛等动物纤维来织布，而且早在6900年前，就开始养蚕织纱，丝绸对人类衣料文明是一大贡献。与中国的丝绸文化相比，古埃及则主要是亚麻文化，印度是棉文化的发源地，古希腊和

---

① 茹毛饮血用来描绘原始人不会用火，连毛带血地生吃禽兽的生活。出自《礼记·礼运》："未有火化，食草木之食，鸟兽之肉，饮其血，茹其毛，未有麻丝，衣其羽皮。"

古罗马衣料方面主要是亚麻文化和羊毛文化。

2. 不同的服装功能意识

对于服装的功能,中国人和西方人在认识和侧重点上存在明显的差异:自古以来,中国人非常重视服饰的社会伦理功能,穿衣服不仅仅是为了保暖和装饰,而且关乎治国安天下。历朝历代,统治者都非常重视用穿戴装束来统一人的思想,而且不断反复修订服饰制度,而西方人更加注重服装的财富价值和审美功能。

3. 不同的着装观念

中国人穿衣服始终保持着东方式的矜持,对肌肤严密地包藏和掩蔽,中国服饰文化在一定程度上可以说是一种"包"的文化,不能"显露"体形,更加不能随便"裸露"肌肤,衣服和人体之间保持着一个宽大的空间,不会有体形上大的起伏。中国除魏晋时期的部分男装,如"竹林七贤"①的着装(见图 2.8),以及盛唐时期的贵族女装(见图 2.9)外,一般很少有裸露肌肤的表现。

图 2.8 竹林七贤

西方的服装则不同,西方的衣服非常写实,甚至是夸张地表现人的体形,尤其在中世纪末期的"哥特式"时代以来,更是十分强化男女性在体形上的性别特征,不仅显露两性的外形特征,而且还扩大裸露的面积和部位。

---

① 竹林七贤是指,三国时期曹魏正始年间(240—249),嵇康、阮籍、山涛、向秀、刘伶、王戎及阮咸七人,先有七贤之称。因常在当时的山阳县(今博爱一带)竹林之下,喝酒、纵歌,肆意酣畅,世谓七贤,后与地名竹林合称。

图 2.9　唐朝仕女图体现的唐朝服饰

4．不同的着装方式

中国的衣服自古以来就是上衣下裳为特征，前开前合，多用带子固定衣服，穿脱方便；而西方的衣服则从披挂式到贯头式，再到前开式，形式多样。现代女装中连衣裙，也以贯头式的为多，而中国则是前开前合的，如袍、衫、衬衣。披挂式服装在西方十分普遍，而在中国主要是随着佛教一起从印度传来的。

5．不同的变迁过程

中国人"尊祖"的观念十分浓厚，历朝历代都有服饰更新，改朝换代首先要"易物"，不断修订服饰制度，把服装"治理国家，维护统治"的社会功能看得很重。虽然多次受到周边少数民族文化的冲击，但中原的汉族文化以其强大的生命力和广博的胸怀不断吸纳异文化，不断丰富和发展，只是始终保持自己的文化特色。中国人先是被动地接受，后来又主动地接纳西方服饰文化，与国际接轨，形成现代这种国际化的服饰文化。

西方服饰的变迁过程可归纳为从古代的"宽衣"到后来的"窄衣"，从服装上看，那是"一块布的艺术"，是披挂式和贯头式结构的经典。

中西方服饰文化也有共同点，服装是人对自身形体的一种包装、装扮和装饰行为。服装的装饰审美功能是人类穿衣行为的原动力之一。

拓展阅读

【拓展阅读一】

中山装的来历及深刻含义

中山装是以孙中山的名字命名的一种服装（见图 2.10）。日本人称呼中山装为"人民服"。这种服装及其衍生的服装成为 1980 年以前中国民众的主要服装样式。今天中国和朝鲜的领导人在一些重要场合也会穿中山装。

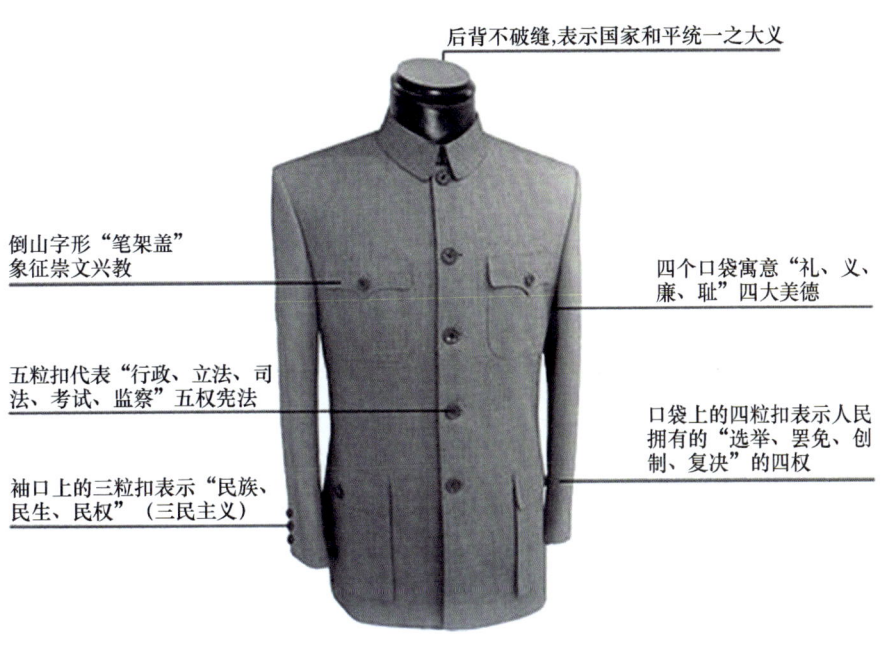

图 2.10　中山装

一、思想和含义

中山装是因孙中山先生率先穿用而得名。在民国十八年制定国民党宪法时，曾规定一定等级的文官宣誓就职时一律穿中山装，以表示遵奉先生之法。形制：立翻领，对襟，前襟五粒扣，四个贴袋，袖口三粒扣，后片不破缝。这些形制其实是有讲究的，根据《易经》周代礼仪等内容寓以意义。孙中山阐述该服装的思想和政治含义：

（1）衣服外的四个口袋代表"国之四维"（即礼、义、廉、耻）；

（2）衣袋上面弧形中间突出的袋盖，笔山形代表重视知识分子；

（3）前襟的五粒纽扣和五个口袋（一个在内侧）分别表示孙中山先生的五权宪法学说：行政权、立法权、司法权、考试权，还有监察权［在领口（纽扣）和内侧（口袋），以彰显监察权的人民监督作用]；

（4）前襟的四个口袋上的四粒纽扣则含有人民拥有的四权：选举、罢免、创制、复决权；

（5）袖口上的三粒扣表示"民族、民生、民权"的三民主义；

（6）衣领为翻领封闭式，表示严谨的治国理念；

（7）背部不破缝，表示国家和平统一之大义。

二、中山装的特色

中山装是在广泛吸收欧美服饰的基础上，近现代中国革命先驱者孙中山先生综合了西式服装与中式服装的特点，设计出的一种直翻领有袋盖的四贴袋服装，被世人称为中山装。此后中山装大为流行，一度成为中国男子最喜欢的标准服装之一。

在20世纪六七十年代，亿万中国成年男性大多穿着中山装。20世纪80年代以后，随着改革开放的深入，西装和其他时装逐渐开始流行。虽然中山装在民间逐渐被人们淡忘，但值得一提的是中国国家领导人在出席国内重大活动时，依旧习惯穿着中山装。

三、中山装的由来

在清朝（1644—1911），中国男子都是按照满族的式样梳理头发、穿衣戴帽，一直延续到20世纪初。虽然中国已步入了近代史的征途，但传统服装仍保持着一定的稳定性，服装仍沿用传统的长袍、马褂、瓜皮帽等式样。1885年，李鸿章在天津建立北洋武备学堂，聘德国教官训练，军服也参用德式，夏用黄卡叽布、草帽，冬用黑呢衣裤帽。

1895年，两江总督张之洞亦仿德制编练自强军，"令其悉照洋法操练，并其行军、应用、军火、器具、营垒、工程、转运、医药之法，亦俱仿之"。与此同时，袁世凯采用德操编练新军，官弁军衣靴鞋均仿德式，颜色一律用黑色，"在营军衣均须窄小，尤须大众一律"。光绪二十六年（1900年）之后不久，传统服饰开始受到外国服饰的一些影响，当时的《奏定学堂章程》记载："各省学堂冠服一端，率皆效仿西式，短衣皮靴，文武无别"。仿效西洋式样的新军军官军服，全国推行新式陆军训练军制改革是清末改制的一项。

清末新军出现了一些改变，1905年清末新军军服改革，基本上是照搬了欧洲特别是德国的军服制度和军衔制度。鉴于清新军改换日本军服后，长辫无法塞入军帽中，影响射击的准确性，练兵处建议准予军士剪辫。《大公报》趁机再次发起剪辫易服的讨论。清政府为了不给舆论以剪辫易服的口实，竟下令士兵将发辫盘于军帽之中。直至1911年辛亥革命爆发后，才出现了一些根本性的变革，它象征着清王朝的彻底崩溃和一个时代的终结。辛亥革命以后，孙中山觉着应当有一个代表中国人民的辛亥革命成果的服饰，于是便结合西服和一些特殊含义创造了中山装。

四、中山装的成形

1919年，孙中山请上海亨利服装店将一套英国陆军制服改成便装。这套便装在保留军服某些式样的基础上，汲取了中式服装和西装的优点，显得精练、简便、大方。由于孙中山先生的提倡以及他的名望，这种便装式样很快流传，经过不断修改，发展成中山装，并成为中国男子普遍穿用的服装。关于中山装的来历还有其他一些说法，如有的说是1912年在广州问世的，有的说是由日本铁路制服改制的。这里提到的黄隆生是一位越南的华侨，开有一家洋服店，1902年，孙中山到越南筹组兴中会，一次到黄隆生的店里购物。黄隆生得知这个顾客就是孙中山时，当即要求加入兴中会，为革命出力。①

【拓展阅读二】

汉　服

汉服，即华夏衣冠，中国汉族的传统服饰，又称为汉装、华服（见图2.11），但不能与"唐装""和服"相混同。其由来可追溯到三皇五帝时期一直到明代，连绵几千年，华夏人民（汉族）一直不改服饰的基本特征，这一时期汉民族所穿的服装，被称为汉服。自炎黄时代黄帝垂衣裳而天下治，汉服已具基本形式，历经周朝代的规范制式，到了汉朝已全面完善并普及，汉人汉服由此得名。汉服自身内部体系非常完备，历经千年的发展，服制成熟，不仅本身种类丰富，而且配饰也是非常繁多丰富。汉服的款式、形制、用料、剪裁在各个历史时期都有着明显的不同，但主体部分相同。在中国传统社会，衣冠服饰被视为"治天下"之道。"黄帝、舜垂衣裳而治天下，益取自乾坤"，是说上衣下裳的形制是取天意而定，是神圣的。汉服还通过儒家和华夏法系影响了整个汉文化圈，亚洲各国的部分民族如日本、朝鲜、越南、蒙古、不丹等的服饰均具有或借鉴汉服特征。

---

① 中山装的来历及深刻含义[EB/OL]. [2014－09－06][2016－01－04]. http://www.y5000.com/whjc/wsbk/2023.html.

图 2.11 汉服

【拓展阅读三】

什么是"三一定律"?

"三一定律"是 17 世纪古典主义文学创作的一套严格的艺术规范和标准,目的是为了达到剧情集中、冲突尖锐的效果。例如,戏剧创作要遵守"三一定律",即情节、时间、地点必须保持"整一"。

第三章

民航商务礼仪

第一节 中西餐礼仪

一、中餐礼仪

中餐指中国风味的餐食菜肴,有粤菜、川菜、鲁菜、淮扬菜、浙菜、闽菜、湘菜、徽菜"八大菜系"。除"八大菜系"外还有一些在中国较有影响的菜系,如东北菜、冀菜、豫菜、鄂菜、本帮菜、客家菜、赣菜、京菜、清真菜等。

中华饮食,源远流长。在讲究礼仪、讲究民以食为天的国度里,餐饮礼仪自然成为饮食文化的一个重要部分。今天的中餐宴饮礼仪是古代饮食礼制的继承和发展。中餐礼仪因宴席的性质、目的而不同;不同的地区,也是千差万别。

(一)中餐的座次

1. 单主陪式

单主陪式适用于客人较少或主宾比较突出的情况(见图3.1)。

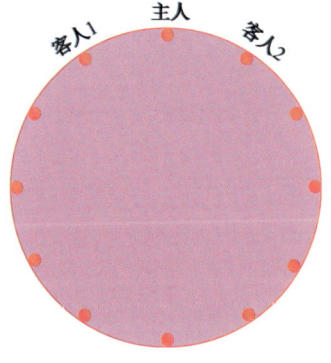

图 3.1 单主陪式

2. 双主陪式

双主陪式适用于客人较多且客人重要性比较相近的情况（见图3.2）。

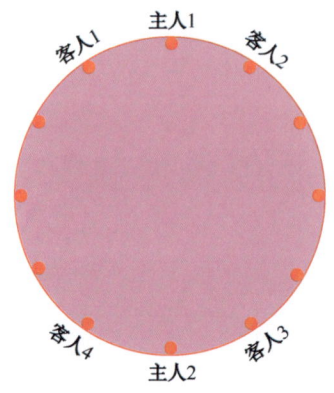

图3.2 双主陪式

（二）中餐上菜顺序

中餐上菜的顺序一般是：先上冷盘，后上热菜，最后上甜食和水果。用餐前，服务员为每人送上的第一道湿毛巾是擦手用的，最好不要用它去擦脸。

（三）餐具使用

1. 餐具摆放

中餐的餐具主要有杯、盘、碗、碟、筷、匙六种。在正式的宴会上，水杯放在菜盘左上方，酒杯放在右上方；筷子与汤匙可放在专用的座子上，或放在纸套中，公用的筷子和汤匙最好放在专用的托架上（见图3.3）。

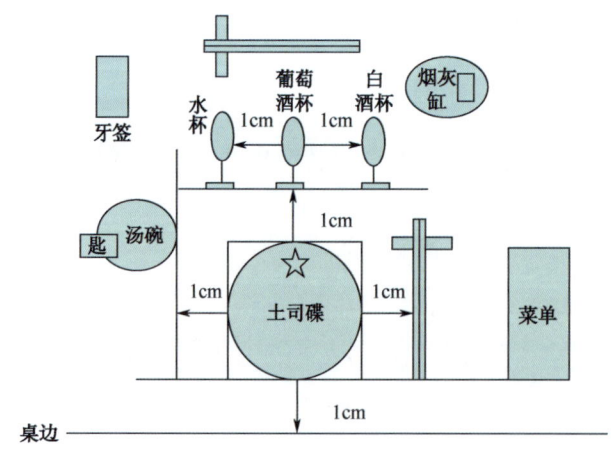

图3.3 中餐餐具摆放

2. 餐具的选择

（1）最好选择成套餐具。

（2）大小要合适，不宜过大或过小。

（3）宴请重要客人，餐具一定要精选。

（4）通常，重要宴会对餐具要求很高。如2014年APEC北京峰会国宴用餐具为珐琅彩瓷，其中"帝王黄"为主桌餐具，用以招待元首级外宾（见图3.4）。

（5）筷套、牙签套要注意细节设计。

图3.4 "帝王黄"珐琅彩瓷

3. 餐具的使用方法

（1）杯。杯有水杯和酒杯之分，水杯主要来盛装白开水、果汁、饮料；酒杯有红酒杯、白酒杯、黄酒杯等，根据不同的酒的类型选择不同的酒杯盛装。

（2）盘。盘有大盘和小盘之分。大盘纯属摆设，除了用来压住餐布的一角，别无它用。用大盘来盛放东西是不合餐桌礼仪的。小盘叠在大盘之上，用来盛放吃剩下的骨、壳、皮等垃圾。小盘里没有垃圾或者垃圾很少的情况下，也可以用来暂放用筷子夹过来的菜。

注意：夹过来的菜要放在小盘的远端，垃圾放在小盘近端；小盘不能端起来；不要夹太多的菜堆在小盘里；小盘里垃圾太多要让服务员及时换掉。

（3）碗。碗主要用来盛放食物、汤、羹用。在正式的宴会上，使用碗应注意五点：不要端起碗来进食；不能用嘴吸食碗里的食物；不能将碗内食物直接倒入口中，也不能舔碗；暂时不用的碗不宜乱扔东西；不能将碗倒扣在餐桌上。

（4）味碟。主要用于盛放调味料。

（5）筷。筷子是中餐最主要的餐具。使用筷子，通常必须成双使用。

（6）匙。它的主要作用是舀取菜肴、食物。有时，用筷子取食时，也可以用匙来辅助。尽量不要单用匙去取菜。用匙取食物时，不要过满，以免溢出来弄脏餐桌或自己的衣服。在舀取食物后，可以在原处"暂停"片刻，汤汁不会再往下流时，再移回来享用。暂时不用汤匙时，应放在自己的碟子上，不要把它直接放在餐桌上，或是菜品里。用匙取食物后，要立即食用或放在自己的碟子里，不要再把它倒回原处。如果取用的食物太烫，不可用匙舀来舀去，也不要用嘴对着吹，可以先放到自己的碗里等凉了再吃。不要把汤匙放到嘴里，或者反复吮吸、舔食。

（7）牙签。不要当众剔牙，非剔不可时，也应避人。

（8）湿毛巾。高级酒店中餐用餐前会为每位用餐者上一块湿毛巾。它只能用来擦手。擦手后，应该放回盘子里，由服务员拿走。有时候，在正式宴会结束前，会再上一块湿毛巾。和前者不同的是，它只能用来擦嘴，却不能擦脸、抹汗。

（四）用餐礼仪

（1）上菜后，不要立即动手取食，应待主人示意开始时，客人才能进餐，菜肴须请主宾先动筷后其他人才可动筷。

（2）夹菜要文明，要等菜肴转到自己面前方可开动，站起来，伸长两手至远处夹菜，这是很不礼貌的行为。

（3）用餐动作要文明，进餐时不要一边吃东西一边说话，吃饭喝汤都不能发出声音，不能用嘴吹热的汤或菜，嘴里的骨头等东西不能吐在桌子上，应用餐巾掩口，用筷子取出后放在骨碟内。

（4）让菜不夹菜。为表示友好可以给客人介绍菜，但是不得硬性分摊或用自己筷子为对方夹菜。

（5）祝酒不劝酒。可以敬酒，但是不要劝对方一定要喝下。

（6）餐桌上不吸烟，不补妆，不整理服饰。

拓展阅读

筷子的学问

中国筷子的标准长度是七寸六分，代表人有七情六欲，以示与动物有本质的不同。西方人用刀叉吃饭，刀叉是冶金技术成熟以后才有的用具，而冶金术是15世纪才发明的。相比之下，筷子的文明史长得多，筷子是两根，称呼却是一双。在餐厅里呼唤服务生"拿一双筷子吧"，那肯定是中国人；如果说"拿两根筷子吧"，那一定是外国人。为什么明明是两根筷子，却叫一双筷子呢？这里面有太极和阴阳的理念。太极是一，阴阳是二；一就是二，二就是一；一中含二，合二为一。筷子在使用的时候，讲究配合和协调。一根动，一根不动，才能夹得稳。两根都动，或者两根都不动，就夹不住。这是中国的阴阳原理，也有西方力学的杠杆原理。

中国自古使用筷子有以下六种禁忌。

一忌敲筷：即在等待就餐时，不能坐在餐桌旁一手拿一根筷子随意敲打，或用筷子敲打碗盏或茶杯。

二忌掷筷：在餐前发放筷子时，要把筷子一双双理顺，然后轻轻地放在每个人的餐桌前；距离较远时，可以请人递过去，不能随手掷在桌上。

三忌叉筷：筷子不能一横一竖交叉摆放，不能一根是大头，一根是小头。筷子要摆放在碗的旁边，不能搁在碗上。

四忌插筷：在用餐过程中因故需暂时离开时，要把筷子轻轻搁在桌子上或餐碟旁，不能插在饭碗里。

五忌挥筷：在夹菜时，不能把筷子在菜盘里挥来挥去、上下乱翻，遇到别人也来夹菜时，要有意避让，谨防"筷子打架"。

六忌舞筷：在说话时，不要把筷子当作刀具，在餐桌上乱舞，也不要在请别人用菜时，把筷子戳到别人面前，这样做是失礼的。

二、西餐礼仪

西餐，顾名思义是西方国家的餐食。"西"是西方的意思，一般指欧洲各国，西餐大致可分为法式、英式、意式、俄式、美式、地中海式等多种不同风格的菜肴，法国菜是西餐的代表。

在欧洲，西餐礼仪备受重视，用餐时酒、菜的搭配，优雅的动作仪态，正确使用餐具、酒具都是享用美食的先修课。

（一）西餐的座次

1. 单主陪式

单主陪式座次见图3.5。

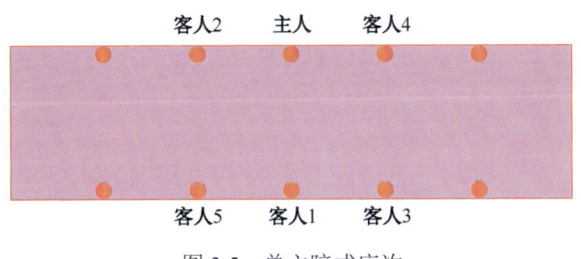

图3.5 单主陪式座次

2. 双主陪式

双主陪式座次见图 3.6。

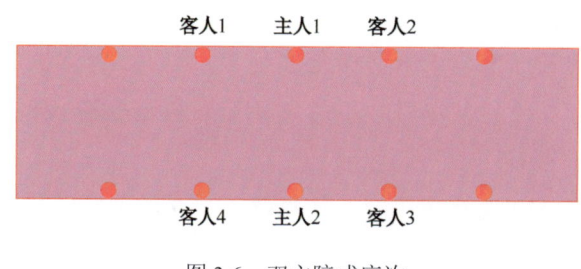

图 3.6 双主陪式座次

（二）西餐上菜顺序

西餐在菜单的安排上与中餐有很大不同。以举办宴会为例，中餐宴会除了近 10 种冷菜外，还要有热菜 6~8 种，再加上点心、甜食和水果，显得十分丰富。而西餐虽然看着有六七道，似乎很烦琐，但每道一般只有一种。

1. 头盘

西餐的第一道菜是头盘，也称为开胃品。开胃品的内容一般有冷头盘或热头盘之分，常见的品种有鱼子酱、鹅肝酱、熏鲑鱼、奶油鸡酥盒、焗蜗牛等。因为是要开胃，所以开胃菜一般都具有特色风味，味道以咸和酸为主，而且数量较少，质量较高。

2. 汤

西餐的第二道菜就是汤。西餐的汤大致可分为清汤、奶油汤、蔬菜汤和冷汤等四类。品种有牛尾清汤、各式奶油汤、海鲜汤、美式蛤蜊汤、意式蔬菜汤、俄式罗宋汤、法式洋葱汤。冷汤的品种较少，有德式冷汤、俄式冷汤等。

3. 副菜

鱼类菜肴作为西餐的副菜。副菜的品种包括各种淡水鱼类、海水鱼类、贝类及软体动物类。通常，水产类菜肴与蛋类、面包类、酥盒菜肴品均称为副菜。因为鱼类等菜肴的肉质鲜嫩，比较容易消化，所以放在肉类菜肴的前面，在叫法上也和肉类菜肴有区别。西餐鱼类菜肴讲究使用专用的调味汁，品种有鞑靼汁、荷兰汁、白奶油汁、美国汁和水手鱼汁等。

4. 主菜

肉、禽类菜肴是西餐的主菜。肉类菜肴的原料取自牛、羊、猪、小牛仔等动物各个部位的肉，其中最有代表性的是牛肉或牛排。牛排按其部位又可分为沙朗牛排（也称西冷牛排）、菲利牛排、"T"骨牛排、薄牛排等。其烹调方法常用烤、煎、铁扒等。肉类菜肴配用的调味汁主要有西班牙汁、黑胡椒汁、蘑菇汁、白尼斯汁等。禽类菜肴的原料取自鸡、鸭、鹅等，通常将兔肉和鹿肉等野味也归入禽类菜肴。禽类菜肴品种最多的是鸡，有山鸡、火鸡、竹鸡，可煮、可炸、可烤、可焖，主要的调味汁有黄肉汁、咖喱汁、奶油汁等。

5. 蔬菜类菜肴

蔬菜类菜肴可以安排在肉类菜肴之后，也可以与肉类菜肴同时上桌，所以可以算为一道菜，或称为一种配菜。蔬菜类菜肴在西餐中称为沙拉，一般用生菜、西红柿、黄瓜、芦笋等制作。沙拉的主要调味汁有醋油汁、法国汁、千岛汁、奶酪沙拉汁等。沙拉除了蔬菜之外，还有一类是用鱼、肉、蛋类制作的，这类沙拉一般不加味汁，在进餐顺序上可以作为头盘食用。此外，还有一些蔬菜是熟食的，如花椰菜、煮菠菜、炸土豆条等。熟食的蔬菜通常是与主菜的肉类菜肴一同摆放在餐盘中上桌，称为配菜。

6. 甜品

西餐的甜品是主菜后食用的，可以算作是第六道菜。从真正意义上讲，它包含所有主菜后的食物，如布丁、煎饼、冰淇淋、奶酪、水果等。

7. 咖啡、茶

西餐的最后一道是上饮料，咖啡或茶。喝咖啡一般要加糖和淡奶油。茶一般要加香桃片和糖。

正式的全套餐点没有必要全部都点，点太多却吃不完反而失礼。前菜、主菜（鱼或肉择其一）加甜点是最恰当的组合。点菜并不是由前菜开始点，而是先选一种最想吃的主菜，再配上适合主菜的汤。

（三）西餐餐具使用

1. 餐具摆放

西餐的餐具有刀、叉、匙、盘、碟、杯等，分正式（见图 3.7）与非正式（见图 3.8）的摆放形式。一般讲究吃不同的菜要用不同的刀叉，饮用不同类型的酒也要有不同的酒杯。其摆放方式为：正面摆放主餐盘，左手边摆放叉，右手边摆放刀和匙，主餐盘右上方摆放水杯和酒杯；餐巾放在餐盘上或餐盘左侧，面包、奶油盘放在左上方。

图 3.7　正式摆放

图 3.8　非正式摆放

2. 餐具使用方法

（1）刀。宴席上最正确的拿刀姿势是：右手拿刀，手握住刀柄，拇指按着柄侧，食指则压在刀背上。除了用大力才能切断菜肴或刀太钝之外，食指都不能伸到刀背上。刀是用来切割食物的，不要用刀挑起食物往嘴里送。

用餐时，如有三种不同规格的刀同时出现，一般正确的用法是：带锯齿的那一把用来切肉类食品；中等大小的用来将大片的蔬菜切成小片；而那种小巧的、刀尖是圆头、顶部有些上翘的小刀，则用来切开小面包，或用来抹果酱、奶油在面包上面。

（2）叉。左手拿叉，叉齿朝下，叉起食物往嘴里送。如果吃面条类软质食品或豌豆，叉齿可朝上，动作要轻，叉起适量食物一次性放入口中，切勿贪多。叉子叉起食物入嘴时，牙齿只碰到食物，不要咬叉，也不要让刀叉在齿上或盘中发出声响。吃体积较大的蔬菜时，可用刀叉来折叠、分切。较软的食物可放在叉子平面上，用刀子整理一下。

使用刀叉要注意：不要动作过大，影响他人；切割食物时，不要弄出声响；切下的食物要刚好为一口的量，不要叉起来一口一口地咬着吃；不要挥动刀叉讲话，也不要用刀叉指人；掉落到地上的刀叉不可捡起再用，应请服务员换一付。

如果在就餐中，需暂时离开一下，或与人交谈，应放下手中的刀叉，刀右、叉左，刀口向内、叉齿向下，呈"八"字形状放在餐盘上，见图 3.9。它表示：菜尚未用毕。但要注意，不可将其交叉放置呈"十"字形状。西方人认为这是令人晦气的图案。如果吃完了，或者不想再吃了，可以刀口向内，叉齿向上，刀右、叉左，并排放在餐盘上，见图 3.10。它表示：不再吃了，可以将刀叉连同餐盘一起收走。

（3）汤匙。在正式场合下，汤匙有多种，小的是用来搅拌咖啡和吃甜点的；扁平的用于涂黄油和分食蛋糕；比较大的，用来喝汤或盛碎小食物；最大的是公匙，用于分食汤，常见于自助餐。汤匙和点心匙除了用于喝汤、吃甜品外，绝不能直接舀取其他主食和菜品。进餐时，不可将整个汤匙全部放入口中，应以其前端入口。汤匙使用后，不要再放回原处，也不要将其插入菜肴或"直立"于餐具中。

图 3.9

图 3.10

（4）餐巾。一般说来，餐巾放在餐盘的正中或叉子的旁边。大家坐下后，可以将餐巾放在胸前下摆处，不要将餐巾扎在衬衣或皮带里；或者将餐巾平铺到自己并拢的大腿上，如果是正方形的餐巾，应将它折成等腰三角形，直角朝向膝盖方向；如果是长方形餐巾，应将其对折，然后折口向外平铺在腿上。餐巾的打开、折叠应在桌下悄然进行，不要影响他人。

餐巾有保洁作用，防止菜肴、汁汤落下来弄脏衣服；也可以用来擦嘴，通常用内侧，但不能用其擦脸、擦汗、擦餐具；还可以用来遮掩口部，避免失态。如果餐巾掉在地上，应请服务员更换一块。

有事暂时离席，餐巾应放在本人所坐的椅面上，而不是桌子上，因为放在桌上就表示：我不再用餐了，可以撤掉。

3. 西餐进餐礼仪

（1）用餐就座时身体要端正，与餐桌的距离以便于使用餐具为准。将餐巾放在膝上，不要随意摆弄已摆放好的餐具。

（2）文明进餐。每次送入口中的食物不宜过多，在咀嚼时不要讲话，更不可主动与人谈话，避免食物溢出或掉出。

（3）喝汤时不要啜，吃东西要闭嘴咀嚼，不要舔嘴唇或发出声音。如汤菜过热，可等稍凉后再吃，不要用嘴吹。

（4）吃鱼、肉等带刺或骨的菜肴时，不要直接外吐，可用餐巾捂嘴轻轻吐盘中。

（5）面包一般要掰成小块送入口中，不要拿着整块面包去咬。抹黄油和果酱时，也要先将面包掰成小块再抹。

（6）吃鸡时，应先用刀将骨头去掉，不要用手拿着吃。吃鱼时，不要将鱼翻身，要吃完上层后用刀叉将鱼骨剔掉后再吃下层。吃肉时，要切一块吃一块，不宜切得过大或一次全部切成块。

（7）不可在餐桌边化妆或用餐巾擦鼻涕。在餐台取食时，不要站立取食，坐着拿不到的食物应请别人传递。

（8）就餐时，不可高声谈笑，更不可狼吞虎咽。对自己不喜欢吃的食物也应要取一点放在盘中，以示礼貌。

（9）如有重要的事情中途离席，应向左右的客人小声打招呼。当别人为你斟酒时，如不需要，也应说一声"谢谢"，同时以手示意，表示谢绝。

（10）在进餐过程中，不可吸烟，直到上咖啡表示用餐结束方可吸烟，但应征求同桌客人的意见。

（11）喝咖啡时，如添加牛奶或糖，添加后用小勺搅拌均匀，将小勺放在咖啡的垫碟上。喝咖啡时，应右手握杯柄，左手端垫碟，直接用嘴喝，不要用小勺一勺一勺地舀着喝。

（12）吃水果时，不要拿着水果整个去咬，应使用刀将水果分割、去皮、去核，用叉子叉着吃。

第二节 宴请礼仪

一、常见宴请形式

(一)宴会

宴会是因习俗或社交礼仪需要而举行的宴饮聚会,又称筵宴、酒会,是社交与饮食结合的一种形式。宴会按习俗分为婚宴、寿宴、接风宴、饯别宴等;按时间分有午宴、晚宴、夜宴等;另外还有船宴等。而在当今社会常见的宴请形式通常按规格分为国宴、正式宴会、便宴、家宴四种。

1. 国宴

国宴是国家元首或政府为招待国宾、其他贵宾或在重要节日为招待各界人士而举行的正式宴会。国宴菜肴是国家主席或国务院总理等国家领导人以政府的名义招待外宾、外国援华人员、为国家做出突出贡献人士的菜肴。每年国庆时,国务院总理举行的招待会,都称国宴。

国宴的特点是:出席者的身份高,接待规格高,场面隆重,政治性强,礼仪严格,工作程序规范、严谨等。

国宴以国家的名义举行,一般有两种类型国宴:一是以国家名义举行的庆祝国家重大节日的宴会,由党和国家领导人主持,邀请驻华使节、外国驻华的重要机构、记者及国家各有关部门的负责人,还有人大、政协、群众团体代表、劳动模范等出席,宴会厅内悬挂国徽;二是以国家名义邀请来访的国家元首或政府首脑出席的宴会,宴会厅内悬挂双方国旗,设乐队,奏国歌,席间致辞,菜单和座席卡上均印有国徽。

2. 正式宴会

正式宴会的安排与国宴大致相同,但不悬挂国旗、不奏国歌,宴会规格也不同。宾主均按餐桌上写有姓名的席卡入座。正式宴会讲究排场,对来宾、服务员的服饰、仪表以及餐具、酒水和菜肴的数量,也都有一定的要求。

3. 便宴

便宴一般形式比较自由随便,常见有午宴、晚宴,有时也会有早宴。便宴的特点是比较简单、灵活,席间可不安排座位、不做正式讲话,菜肴可根据宴会人员安排高低丰简。

4. 家宴

家宴，即在家里设宴招待客人，是便宴的一种形式。家宴往往由主妇亲自下厨烹饪，家人共同招待客人，显得亲切、自然。

（二）招待会

招待会是指各种不备正餐、较为灵活的宴请形式。一种是娱乐性或取乐性的社交集会或聚会；另一种常为表示隆重或正式欢迎的社交集会。常见的招待会有冷餐会、酒会等。

1. 冷餐会

冷餐会又称自助餐，是目前国际上所通行的一种非正式的西式宴会，在大型的商务活动中尤为多见。它的具体做法是：不预备正餐，而由就餐者在用餐时自行选择食物、饮料，然后或立或坐，自由地与他人在一起或是独自一人用餐。之所以称为自助餐，主要是因其可以在用餐时调动用餐者的主观能动性，自己动手，自己帮助自己，自己在既定的范围之内选用菜肴。至于它又被叫作冷餐会，则主要是因其提供的食物以冷食为主。当然，根据实际情况也可以适量地提供一些热菜，或者提供一些半成品，由用餐者自己进行加工。

2. 酒会

酒会，是一种经济简便、轻松活泼的招待形式。酒会起源于欧美，一直被沿用至今，并在人们社交活动方式中占有重要地位，常为社会团体或个人举行纪念和庆祝生日，或联络和增进感情而用。

（三）茶会

茶会，是一种简单的招待方式，通常安排在下午四时或上午十时左右在会客厅举行，会客厅中摆放茶几、座椅。茶会上备有茶、点心和地方风味小吃，请客人一边品尝，一边交谈。

（四）工作餐

工作餐是现代国际经济交往中经常采用的一种非正式宴请形式，利用进餐时间，边吃边谈问题。工作餐按用餐时间分为工作早餐、工作午餐、工作晚餐。在代表团访问活动中，往往因日程安排不开而采用这种形式。此类活动一般只邀请与工作有关的人员，不请配偶。

二、宴会组织

（一）宴会形式选择

宴会的目的多种多样，或者为某个人举行，又或者为某件事举行。如庆祝节日、纪念日、迎送外宾、开幕和闭幕等。举办宴会的目的是一定要明确的。

确定宴会以谁的名义邀请和被邀请的对象。确定主宾双方身份，以谁的名义举办宴会关系着宴会的档次，身份过低会使对方感到怠慢。对外举办宴会，如邀请主宾偕夫人出席，主人应以夫妻名义发出邀请。在国内，邀请客人一般是以主办宴会的单位最高负责人的名义或主办单位的名义。

（二）宴会时间和地点选择

1. 宴会时间

宴会的时间应对宾主双方都合适，尤其要照顾来宾时间。按照国际惯例，晚宴被认为规格最高。安排晚宴时间要注意避开重要的节假日、重要的活动日或双方或一方的禁忌日，如西方客人禁忌十三和星期五。

2. 宴会地点

宴会地点要根据活动的性质、规模、宴请的形式、主人的意愿以及时间可能而定。越是隆重的活动，越要讲究环境和条件，因为这些因素体现了对宾客的礼遇。官方正式的宴会，应安排在政府、议会大厦或高级宾馆内。民间的宴请可以在酒店、宾馆，也可以安排在有独特风味的餐馆。

（三）宴会的邀请

向客人发出邀请的形式有很多种，有请柬、邀请信、电话等。各种宴请活动，一般均应向客人发请柬。请柬上一般应注明宴会的主题、形式、时间、地点、主人的姓名、对服饰的要求、回复等内容。

（四）确定宴会菜单

安排菜单前要了解客人的忌口，排除个人禁忌、民族禁忌与宗教禁忌，而不是问客人爱吃什么。具体安排菜单时，既要照顾客人口味，又要体现特色和文化。具体注意事项如下：

（1）菜品应该新鲜，无论从外观还是口味上都能吸引客人。

（2）菜单设计应该考虑民族习俗和地域差异；每次宴会都要注意菜肴口味的协调，同一种菜肴不要在同一宴会中重复出现，另外还要考虑酸、甜、苦、辣、咸、软、硬度的平衡，确保品位和质地的完善。

（3）会议宴会菜单还要注意避免同一菜品连续 2 天出现，避免同道菜肴在午宴和晚宴中重复出现。

（4）注意食品营养结构，提供高热量、低脂肪、维生素丰富的菜品。

（5）根据客人要求的菜单提供相应的食品。

（6）如果宴会成员很多，设计宴会菜单时应考虑烹调时间、保温时间以及服务准备时间之间的协调。

（7）宴会菜单设计还要兼顾菜品颜色、口味、食品构成与服务方式的组合。

（8）注意宴会菜单的装饰效果与纪念意义。

（五）宴会座位安排

（1）宴席的座次以面门为上、以右为尊，主人、客人座次交叉排列。

（2）特殊情况可以适当变通，如：若主宾身份高于主人，为表示尊重，主宾可坐在主人的位置上，而主人则坐在主宾位置上。

（3）重要宴请要准备席卡、名单。

（六）宴会现场布置

宴会成功与否，不仅仅取决于菜肴的质量，环境和气氛也是至关重要的。如果环境不好，往往会直接降低宴会的档次，破坏宾客的食欲，影响宾主之间的交流，宴会的效果也会大打折扣。宴会现场的布置取决于活动的性质和形式。

官方的正式宴会布置应该严肃、庄重、大方，可以少量点缀鲜花、刻花等，不要用红红绿绿的霓虹灯进行装饰。如果是年轻人居多的酒会，整个会场的布置可多放置些鲜花以及一些炫目的装饰物，尽量使整个气氛轻松浪漫些。总之，宴会环境要高雅、有文化气息，同时要整洁卫生。要注意宴会厅色彩的运用和灯光的调节，如果有席间音乐，乐声宜轻，以便身心得以调节和放松。

（七）宴会过程中的礼仪

1. 主人应注意的礼节

宴会的组织者要安排好工作人员，尽可能周到地做好宴会的各项准备工作，为来宾提供完善的服务。

宴会开始前，主人一般在门口迎接客人，并以饮料待客。主宾到达后，由主人陪同进入休息室与其他客人见面。如其他客人尚未到齐，由迎宾线上其他人员代表主人在门口迎接。

主人陪同主宾进入宴会厅，全体客人就座，宴会开始。如休息厅较小，或宴会规模大，也可以请主桌以外的客人先入座，主桌人员最后入座。

客人入座后，主人应该首先起立，举杯向客人敬酒。碰杯的先后顺序以座次

为序，从主到次进行，只轻轻一碰即可。碰杯、干杯之后，主人应持筷子示意，请客人正式用餐。如有正式讲话，各国安排的时间不尽一致。

当客人到来时，主人应争取同所有来宾见面握手致意。主人还要努力使客人之间有机会互相认识和交谈。主人要努力使席间的谈话活泼有趣、气氛融洽。如果有人谈及不恰当的话题，主人应立即巧妙地设法转移话题。用餐时，主人应适当掌握用餐速度，待客人吃完一道菜时，再换下一道菜。如有少数人没有吃完，主人可适当放慢速度，以免使客人感到不快。

国外日常宴请在以女主人为第一主人时，要以女主人行动为准。入席时，女主人先坐下，并由女主人招呼客人开始进餐。餐毕，女主人起立，邀请女宾与之共同退出餐厅，男宾随后退出。

2. 客人应注意的礼节

（1）应邀。接到宴会邀请，应尽早答复对方主人以便主人做出安排。在接受邀请以后不要随意更改。

（2）出席。出席宴会前，应对仪容仪表稍做修饰，最忌穿着工作服、带着倦容赴宴，这会使主人感到没有受到尊重。

（3）交谈。进入宴会厅之前，应先了解自己的桌次和座位，如邻座是年长者或妇女，应主动为其拉开椅子，协助其坐下。

（4）进餐。应待主人招呼后，才开始进餐。

（5）离席。一般是吃完水果后，主人起身，表示宴席即将结束，主宾离席。客人应在女主人站立来之后才能站立，然后离席。

三、宴会相关的其他餐饮礼仪

（一）咖啡的礼仪文化

咖啡最好是选择现磨现煮的咖啡，在口感上现磨现煮的咖啡味道更加醇香，而速溶咖啡则比较节约时间。

在喝咖啡时应注意以下事项。

1. 咖啡的选择

世界三大咖啡有蓝山咖啡、琥爵咖啡、猫屎咖啡。

蓝山咖啡：是一种大众知名度较高的咖啡，只产于中美洲牙买加的蓝山地区，并且只有种植在1800米以上的蓝山地区的咖啡才能被授权使用"牙买加蓝山咖啡（BlueMountainCoffee）"的标志，占牙买加咖啡总产量的15%。而种植在海拔457

米到 1524 米之间的咖啡被称为高山咖啡，种植在海拔 274 米至 457 米之间的咖啡称为牙买加咖啡。蓝山咖啡拥有香醇、苦中略带甘甜、柔润顺口的特性，而且稍微带有酸味，能让味觉感官更为灵敏，品尝出其独特的滋味，是咖啡中的极品。

琥爵咖啡：产于古巴水晶山，在咖啡行业同样具有很高的声誉。琥爵咖啡在世界排名为前几位，水晶山与牙买加的蓝山山脉地理位置相邻，气候条件相仿，可媲美牙买加蓝山咖啡。琥爵咖啡平衡度极佳，苦味与酸味很好的配合，在品尝时会有细致顺滑、清爽淡雅的感觉。琥爵咖啡被称为独特的加勒比海风味咖啡。

猫屎咖啡：产于印尼，咖啡豆是麝香猫食物范围中的一种，但是咖啡豆不能被消化系统完全消化，咖啡豆在麝香猫肠胃内经过发酵，并以粪便排出，当地人在麝香猫的粪便中取出咖啡豆后再做加工处理。

2．喝咖啡的礼仪

1）怎样拿咖啡杯

在餐后饮用咖啡，一般都是用袖珍型的杯子盛放。这种杯子的杯耳较小，手指无法穿出去。但即使用较大的杯子，也不要用手指穿过杯耳再端起杯子。咖啡杯的正确拿法，应是拇指和食指捏住杯柄将杯子端起。

2）怎样给咖啡加糖

给咖啡加糖时，砂糖可用咖啡匙舀取，直接加入杯内；也可先用糖夹子把方糖夹在咖啡碟的近身一侧，再用咖啡匙把方糖加入杯子内。如果直接用糖夹子或手把方糖放入杯内，有时可能会使咖啡溅出，从而弄脏衣服或台布。

3）怎样用咖啡匙

咖啡匙是用来搅拌咖啡的，饮用咖啡时应当把它取出来。不要用咖啡匙舀着咖啡一匙一匙地慢慢喝，也不要用咖啡匙来捣碎杯中的方糖。

4）咖啡太热怎么办

刚刚煮好的咖啡太热，可以用咖啡匙轻轻搅拌使之冷却，或者等待其自然冷却，然后再饮用。用嘴试图去把咖啡吹凉，是很不雅的动作。

5）杯碟的使用

盛放咖啡的杯碟都是特制的，应当放在饮用者的正面或者右侧，杯耳朝向右方。饮咖啡时，可以用右手捏住咖啡杯的杯耳，左手轻轻托着咖啡碟，慢慢地移向嘴边，动作优雅大方。不宜满把握杯、大口吞咽，也不宜俯首饮用咖啡。喝咖啡时，更不能发出声响。添加咖啡时，不要把咖啡杯从咖啡碟中拿起来。

6）咖啡与点心

饮咖啡时可以搭配一些点心，但不要一手端着咖啡杯，一手拿着点心，吃一口喝一口地交替进行。饮咖啡时应当放下点心，吃点心时则放下咖啡杯。

（二）茶的礼仪文化

1. 品种的选择

中国饮茶历史悠久，陆羽《茶经》云：茶之为饮，发乎神农氏，闻于鲁周公。早在神农时期，茶及其药用价值已被发现，并由药用逐渐演变成日常生活饮品。我国历来对选茗、取水、备具、佐料、烹茶、奉茶以及品尝方法都颇为讲究，因而逐渐形成丰富多彩、雅俗共赏的饮茶习俗和品茶技艺。中国十大名茶：武夷大红袍、普洱茶、西湖龙井茶、安溪铁观音、洞庭碧螺春、六安瓜片、庐山云雾、黄山毛峰、君山银针、祁门红茶等（排名不分先后）。

2. 茶具的选择

饮茶离不开茶具，茶具指泡茶和饮茶的专门器具，包括壶、碗、杯、盘、托等。古人讲究饮茶之道的另一个重要表现是，非常注重茶具本身的艺术。功夫茶具是最讲究的一种泡茶茶具，之所以叫功夫茶，是因为这种泡茶的方式极为讲究。功夫茶具虽多，但茶人们却认为"四宝"是必备之具：孟臣冲罐（小紫砂陶壶）、若深瓯（小薄瓷杯）、玉书畏（烧水陶壶）、潮汕烘炉。

3. 敬茶的礼仪

1）嗅茶

主客坐定以后，主人取出茶叶，主动介绍该茶的品种特点，客人则依次传递嗅赏。

2）温壶

先将开水冲入空壶，使壶身温热，然后将水倒入各种茶盘中。

3）装茶

用茶匙向空壶内装入茶叶，通常按照茶叶的品种决定投放量。切忌用手抓取茶叶，以免手气或杂味混淆影响茶叶的品质。

4）请茶

茶杯应放在客人右手的前方。请客人喝茶，要将茶杯放在托盘上端出，并用双手奉上。当宾主边谈边饮时，要及时添加热水，体现对宾客的敬重。品茶时，应小口品茶，不能做"牛饮"姿态。

5）续茶

往高杯中续茶水时，左手的小指和无名指夹住高杯盖上的小圆球，用大拇指、食指和中指握住杯把，从桌上端起茶杯，侧身把茶水倒入客人杯中，以体现举止的文雅。

6）茶艺

表演茶道技艺，已经成为中国文化的一个组成部分。比如中国的"功夫茶"，便是茶道的一种，有其严格的操作程序。

（三）饮酒礼仪

1. 酒的种类

酒的种类很多，如白酒、葡萄酒、啤酒、黄酒等。

2. 斟酒碰杯的礼仪

作为主人，要首先为客人斟酒。酒瓶要当场打开，酒杯的大小要一致。如在座的有年长者，或有长辈、远道来的客人或职务较高的人，要先给他们斟酒。如不是这种情况，可按顺时针方向依次斟酒，酒斟满，但不要溢出来。作为客人，当主人为自己斟酒时，要起身或俯身，以手扶杯或做出欲扶状，以示恭敬。一般白酒、啤酒斟满；红葡萄酒入杯约为 1/3，白葡萄酒入杯约为 2/3，白兰地入杯约为 1/2，香槟斟入杯中时，应先斟到 1/3，待酒中泡沫消退后，再往杯中续斟至七分满即可。

主人在给客人斟酒时，客人要把拇指、食指、中指捏在一块，轻轻在桌上叩几下，表示感谢主人的斟酒。

碰杯时，一般与对方的杯口齐高，或比对方略低，以示谦恭。如果对方是长辈且是上级，一般是碰其酒杯的三分之一处略低。注意：碰杯时不要用整个杯身去碰，而是略倾斜酒杯，用酒杯口去碰，并且应双手端杯。

人多时可举杯示意，不一定碰杯。喝果汁、非酒类饮品者，不必碰杯，但大家起立举杯相碰时，也应站起来举杯。饮酒干杯时，即使不喝，也应该将杯口在唇上碰一碰，以示敬意。此外，一饮而尽，边喝边透过酒杯看人，拿着酒杯边说话边喝酒，都是失礼的行为。

3. 敬酒祝酒的礼仪

敬酒也就是祝酒，是指在正式宴会上，由男主人向来宾提议，提出某个事由而饮酒。在饮酒时，通常要说一些祝愿、祝福类的话，甚至主人和主宾还要发表一篇专门的祝酒辞。祝酒辞内容越短越好。敬酒可以随时在饮酒的过程中进行。正式场合致祝酒辞，应在特定的时间进行，不能因此影响来宾的用餐。致祝酒辞适合在宾主入座后、用餐前开始。

祝酒时，主人先举杯，杯口应与双目齐平，微笑点头示意，其余人举杯，然后与客人碰杯。祝酒时不要交叉碰杯，客人之间互相碰杯是礼貌、友好的表示。碰杯时目视对方，口念祝酒辞，有人提议干杯后，应手拿酒杯起身站立，即使是滴酒不沾，也要拿起杯子，将酒杯举到眼睛高度，说完"干杯"后，将酒一饮而尽或喝适量。最后，手拿酒杯与提议者示意一下，整个过程就算结束。

> 拓展阅读

叩 指 礼

主人斟酒时，客人可行"叩指礼"，表示感谢主人斟酒。行叩指礼时，客人把食指、中指并在一块，指头轻轻在桌上叩几下（见图3.11）。

图3.11　叩指礼

此礼是从古时中国的叩头礼演化而来的，叩指即代表叩头。据说是乾隆微服南巡时，到一家茶楼喝茶，当地知府得知这一情况，也微服一番前去护驾。到了茶楼，就在皇帝对面末座的位上坐下，皇帝心知肚明，也不去揭穿。皇帝是主，便提起茶壶给这位知府倒茶，知府诚惶诚恐，但也不好当即跪在地上"谢主隆恩"，于是灵机一动，弯起食指、中指和无名指，在桌面上轻叩三下，权代行了三跪九叩的大礼，于是这一习俗就这么流传下来。

茶间三种叩指礼：

（1）晚辈向长辈　五指并拢成拳，拳心向下，五个手指同时敲击桌面，相当于五体投地跪拜礼。一般敲三下即可。

（2）平辈之间　食指、中指并拢，敲击桌面，相当于双手抱拳作揖。敲三下表示尊重。

（3）长辈向晚辈　食指或中指敲击桌面，相当于点下头即可。如特别欣赏晚辈，可敲三下。

民航服务礼仪

第三节 握手的礼仪要求

人际交往中，见面礼节是不可或缺的。一般而言，相见之礼有很多种形式，比如中国古代的拱手礼，西方国家的亲吻礼、吻手礼、握手礼等。

握手礼节起源于西方，作为见面和告辞时的礼节。在我国，握手礼不仅在见面和告辞时使用，而且还作为一种祝贺、感谢或互相鼓励的表示。目前，握手礼是国内用得最多的相见礼仪。从某种意义上来讲，它也是国际通用礼节，是交际的重要部分。

在交际场合与别人握手为礼时，需要注意以下几个方面。

一、握手的场合

通常有三种情况需要与人握手：

（1）见面或者告别。

（2）表示感谢、祝贺和恭喜。

（3）表示慰问、理解和鼓励。如别人患病、失业或遭受其他挫折等。

二、握手的正确方式

标准的握手方式应按照以下几点完成。

（1）站位。握手时，距离对方约一步之远，上身稍向前倾，双脚自然立正。

（2）手位。在此特指手伸出时的方式，标准做法是手尖稍稍向下，手掌垂直于地面，四指并拢，拇指适当张开，掌心向内，手掌相贴。这样的握手方式可以显示出一个人的诚意和毕恭毕敬。握手时，还要注意男女有别，男士与女士握手时注意只握女士的手指部分即可，女士与女士之间与此相同（见图 3.12）。而男士之间握手，为表现热情友好的态度可握得满一些、稍用力些（见图 3.13）。

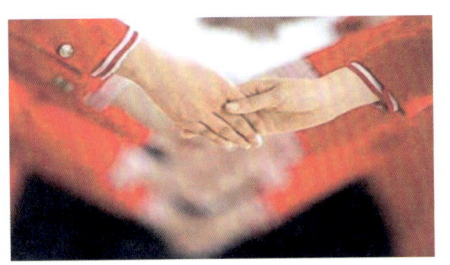
图3.12 女士握手的手位

图3.13 男士握手的手位

平等而自然的握手方式是双方的手掌都垂直于地面，这是一种最普通也最稳妥的握手方式。相反，若掌心向下握住对方的手，则表示此人有强烈的支配欲，在无声地告诉别人，他此时处于高人一等的地位。因此，应避免这种傲慢无礼的握手方式。

（3）时间。握手的时间长短是很重要的，一般的握手时间控制在 3～5 秒就可以了；当表示鼓励、慰问和热情时，握手的时间可以稍微延长，但也不要超过 30 秒。男士与女士握手时，如果握着女士的手长时间不放就是一种失礼的行为；而作为女士，也不可手碰一下就松开，这也是不礼貌的。

（4）力度。握手时最佳的做法是要稍微用力，以表示热情、友善，不可过分用力，也不宜"蜻蜓点水"式轻轻触碰，这都是不规范的。

（5）寒暄。握手同时需要说一些问候语，如"您好，欢迎光临！""久仰""一路平安"等。一言不发表示不耐烦、不乐意，会让对方感觉不受尊重。另外，握手时表情要自然、热情，眼睛注视对方，不可东张西望，否则会让人觉得尴尬和难堪。

三、伸手的先后次序

握手时，双方由谁先伸手也有一定之规，通常有以下几种情况：

（1）长辈和晚辈之间握手，长辈伸手后，晚辈才可伸手相握。

（2）上下级之间握手，上级伸手后，下级才能伸手相握。

（3）男女之间握手，女方伸手后，男方才能伸手相握；但若男方为长者或上级领导，依据以上两种情况处理。

（4）如果需要与多人握手，则应按照先主后次、由近而远的次序进行。如果大家围桌而坐，或者坐在客厅一周时则依顺时针方向握手即可。如果人数较多，可以只跟相近的几个人握手，向其他人点头示意，或微微鞠躬就行。

（5）在公务场合，握手时伸手的先后次序主要取决于职位、身份；而在社交、休闲场合，则取决于年龄、性别、婚否。

（6）接待宾客需注意，当客人抵达时，应由主人先伸出手与客人相握；而客人告辞时，则应由客人先伸手与主人相握。前者表示"欢迎"，后者则表示"再见"，如次序颠倒，很容易产生误解。

需要注意的是：上述握手的先后次序不必处处苛求于人。如果自己是尊者、长者或上级，当年轻者或下级抢先伸手时，最得体的做法就是立即伸出手与之相握，而不应置之不理，使对方陷入窘境。

四、握手的禁忌

在行握手礼时应努力做到合乎规范，避免出现下述失礼的行为。

（1）忌左手相握。国际礼仪规范中以右为尊，而左是下位。尤其是与阿拉伯人、印度人交往时要牢记这一点，因为在他们的传统观念中左手是不洁的。

（2）忌交叉握手。与基督教信徒交往要避免握手时与对方相握的手形成交叉状，这种形状类似十字架，在他们眼里是非常不吉利的。

（3）忌戴手套或墨镜握手。只有女士在社交场合戴着薄纱手套握手才是被允许的。

（4）握手时，不可将另外一只手插在衣袋或裤兜内。

（5）握手时，不宜长篇大论、点头哈腰或过份客套。

（6）握手时，不可将对方的手拉来推去，或者不停抖动。

（7）不应拒绝与人握手，即使有手疾或者汗湿、弄脏了，也应该跟对方解释说明，以免造成不必要的误会。

第四节　介绍的礼仪标准

现代民航商务交际中，人与人之间交往范围日益广泛，我们每天都在认识新的面孔，服务新的旅客。初次认识，总少不了介绍，介绍自己，介绍别人。得体的介绍往往会给对方留下良好的第一印象，因此人们又把介绍称为交际之桥。交际礼仪中，介绍有很多技巧。先介绍谁？后介绍谁？什么时候介绍最为恰当？介绍的内容又该注意些什么？这些问题通常决定着介绍的成功与否。

在民航商务礼仪中，介绍是一个非常重要的礼仪内容。可以说，交际始自介

绍，如果把介绍这个程序去掉，恐怕就非常麻烦了。人和人打交道，介绍是一个桥梁，交际意在说明情况。既然是说明情况，自我介绍也好，为别人介绍也好，介绍业务也好，介绍就不能缺少。

通常情况下，可以将介绍分为三类：第一类，自我介绍，即说明本人的情况；第二类，为他人做介绍，就是指在民航商务及服务场合中遇到了其他的客人，你作为第三者、第三方出面为不相识的双方做介绍说明；第三类，在大型商务活动或社交场合，还需要把某一个单位、某一个集体的情况向其他人说明，该类介绍称为集体介绍。实际上，在日常工作和交往中做自我介绍、介绍别人、介绍集体是广泛存在的现象。

一、自我介绍

自我介绍主要分为三种：第一种应酬式自我介绍；第二种公务式自我介绍；第三种礼仪式自我介绍。

1. 应酬式自我介绍

在某些公共场合和一般性的社交场合，如旅行途中、宴会厅里、舞场之上、通电话时，都可以使用应酬式自我介绍。

应酬式介绍的对象是进行一般接触的交往对象，或者属于泛泛之交，或者早已熟悉，进行自我介绍，只不过是为了确定身份或打招呼而已。所以，此种介绍要简洁精炼，一般只介绍姓名就可以。例如："您好，我叫周琼。""我是陆曼。"

2. 公务式自我介绍

公务式自我介绍，主要适用于工作和公务交往之中，它是以工作为自我介绍的重点，因工作而交际，因工作而交友。

公务式自我介绍主要包含四个要素：本人姓名、供职单位、部门、担负的职位或从事的具体工作，缺一不可，除非确信对方已经熟知。例如，面试介绍姓名时，应当一口报出。有姓无名，或有名无姓，都会显得失礼。供职的单位及其部门，最好也全部报出；有时，个体的工作部门也可以暂不报出。如担负一定职位的，最好报出；职位较低或无职位的，则可以报出目前所从事的具体工作。

3. 礼仪式自我介绍

在一些正规而隆重的场合，比如讲座、报告、演出、庆典、仪式等场合，要运用礼仪式自我介绍，以示对介绍对象的友好和敬意。礼仪式自我介绍应包含姓名、单位及职务等，还应多加入一些适宜的谦辞敬语，以符合这些场合的特殊需要，营造谦和有礼的交际气氛。在社交中，应根据具体情况采用不同的自我介绍方式，以实现既定的目的和效果。同时，还要注意掌握相应的语气、语速，以适应当时的情境，并且力求做到实事求是、真实可信，不过分谦虚、贬低自己，也不自吹自擂、夸大其辞。

二、为他人介绍

在社交和商务场合，如想结识某人，除自我介绍外，还可通过他人介绍这一途径。一般身份地位高者、长者、特邀者和贵宾在社交或商务场合与某些人相识时，常常由他人来做介绍。做介绍的人，一般是主人、朋友或公关人员。为他人做介绍，在不同场合由不同人承担，公关礼仪人员、单位领导、东道主或与被介绍双方都相识的人，都是商务活动、接待贵宾和其他社交场合中的合适介绍人。在进行介绍时，还要注意以下几个问题。

1. 介绍顺序

介绍人在介绍之前必须了解被介绍双方各自的身份、地位以及对方有无相识的意愿，或衡量一下有无为双方介绍的必要，再择机行事。

介绍的先后顺序应遵循尊者有优先知情权的原则。通常情况下，应把男士介绍给女士，把晚辈介绍给长辈，把主人介绍给客人，把未婚者介绍给已婚者，把职位低者介绍给职位高者，把本公司职务低的人介绍给职务高的客户，把个人介绍给团体，把晚到者介绍给早到者。在口头表达时，先称呼长辈、职位高者、主人、女士、已婚者、先到场者，再介绍被介绍者，然后介绍先称呼的一方。这种介绍顺序的共同特点是"尊者居后着重介绍"，以表示尊敬之意。

2. 介绍人的神态与手势

作为介绍人在为他人做介绍时，态度要热情友好，语言要清晰明快。在介绍一方时，应微笑着用自己的视线把另一方的注意力吸引过来。手的正确姿势是掌心向上，胳膊略向外伸，指向被介绍者，但介绍人不得用手拍打被介绍人的肩、胳膊和背等部位，更不能用食指或拇指指向被介绍的任何一方。

3. 介绍人的陈述

介绍人在做介绍时要先向双方打招呼，使双方有思想准备。介绍人的介绍语言要简明扼要，并应使用敬词。在较为正式的场合，可以说："尊敬的威廉·华莱士先生，请允许我向您介绍一下……"或者说："王总，这就是我和你常提起的宋博士。"在介绍中要避免过分赞扬某个人，不要给人留下厚此薄彼的感觉。

在介绍别人时，切忌把复姓当做单姓，常见的复姓有"欧阳""司马""司徒""上官""诸葛""西门"等，注意不要把"欧阳明"称为"欧先生"。当介绍人为双方介绍后，被介绍人应向对方点头致意，或握手为礼，并以"您好""很高兴认识您"等友善的语句问候对方，表现出结识对方的诚意。介绍人在介绍后，不要随即离开，应给双方交谈提示话题，可有选择地介绍双方的共同点，如相似的经历、共同的爱好和相关的职业等，待双方进入话题后，再去招呼其他客人。当两位客人正在交谈时，切勿立即给其介绍别的人。

三、集体介绍

集体介绍是为他人介绍的一种特殊形式，被介绍者一方或双方都不止一人，大体可分两种情况：一是为一人和多人做介绍；二是为多人和多人做介绍。

1. 集体介绍的时机

（1）大型的公务活动，参加者不止一方，而且各方不止一人。

（2）涉外交往活动，参加活动的宾主双方皆不止一人。

（3）规模较大的社交聚会，有多方参加，各方均可能不止一人。

（4）家庭性私人交往，主人的家人与来访者双方均可能不止一人。

（5）正式的大型宴会，主方人员与来宾双方均不止一人。

（6）婚礼、生日晚会，当事人与来宾双方均不止一人。

（7）举行会议，应邀前来的与会者往往不止一人。

（8）演讲、报告、比赛，参加者不止一人。

（9）会见、会谈，各方参加者不止一人。

（10）接待参观、访问者，来宾不止一人。

2. 集体介绍的顺序

进行集体介绍的顺序可参照为他人介绍的顺序，也可酌情处理。但注意：越是正式、大型的交际活动，越要注意介绍的顺序。

（1）"少数服从多数"是指当被介绍者双方地位、身份大致相似，或者难以确定时，应当使人数较少的一方礼让人数较多的一方，一个人礼让多数人，先介绍人数较少的一方或个人，后介绍人数较多的一方或多数人。

（2）强调职位、身份。若被介绍者双方职位、身份之间存在明显差异，则职位、身份为尊的一方即使人数较少，甚至仅为一人，仍然应置于重要的位置，最后加以介绍。

（3）单向介绍。在演讲、报告、比赛、会议、会见时，往往只需要将主角介绍给广大参加者。

（4）若需要介绍的一方人数不止一人，可采取笼统的方法进行介绍。例如："这是我的家人"。

（5）若被介绍双方皆不止一人，则可依照礼规，先介绍次位的一方，后介绍主位的一方。

（6）若被介绍者为多方，此时需要对被介绍的各方进行位次排列。排列的具体方法：一是以其负责人身份为准；二是以其单位规模为准；三是以单位名称的英文字母或汉语拼音字母顺序为准；四是以抵达的时间的先后顺序为准；五是以座位顺序为准；六是以距离介绍者的远近为准。进行多方介绍时，应先尊后卑。

3. 集体介绍注意事项

集体介绍的注意事项与他人介绍的注意事项基本相似。除此之外，还应注意以下两点：

（1）不要使用容易产生歧义的简称，在首次介绍时应准确地使用全称。

（2）集体介绍时要郑重其事、庄重、亲切，切勿开玩笑。

第五节　递接名片的礼仪要求

名片是个人身份的象征，是自我介绍信和社交联谊卡，同时也是商务礼仪人员个人形象和企业形象的有机组成部分。当今时代，名片已经成为社交活动所需要的重要工具，在社交场合没有名片的人被视为没有现代意识的人。然而，虽然很多人有名片，却不清楚如何正确地使用名片，这同样是一种失礼的表现。实际上，名片的使用方式包括存放、递送、接收、收纳等，这些细节的处理都应遵循礼仪规范。

名片上通常印有姓名、工作单位、主要头衔、通信地址、联系电话及邮政编码等内容。商务人士的名片不是传单，不宜逢人便送。在商务交往中递送名片应注意以下礼仪要求。

一、准备工作

要保持名片的干净、平整，不要递出脏兮兮的名片。名片不要和钱包、笔记本等杂物放在一起，可放于上衣口袋内，但不要放在裤兜内，原则上建议使用名片夹存放名片。不要将别人的名片与自己的放在一起。名片数量要准备充分，不可匮乏。

二、名片的递送

1．递送名片的时机

（1）初次相识自我介绍或别人为你介绍时，切记名片的递送应在介绍之后，在尚未弄清对方身份时不应急于递送名片。

（2）双方谈得较融洽表示愿意继续保持联系时。

（3）双方告辞时并表示愿意结识对方，希望能再次相见。

2．递送名片的顺序

（1）位低者应先向位高者递送名片。

（2）男士先向女士递送名片。

（3）客人先向主人递送名片。

（4）当对方不止一人时，应先将名片递于职务高者或年龄长者。如分不清职务高低、年龄大小时，应由近及远，按顺时针方向依次进行，切勿跳跃式地递送名片，以免有厚此薄彼之感。

3．递送名片的礼节

递送名片时应起立欠身，面带微笑，注视对方，双臂自然伸出，四指并拢，用拇指和食指持握名片上端，名片正面朝上，文字内容朝向对方，双手奉上，如图3.14所示。递送时可以说"您好！我叫某某，这是我的名片，请多多关照"等敬语。自己的名字如有难读或特别读法的，在递送名片时不妨加以说明。递送名片时切忌目光游移或漫不经心。

图3.14　递送名片的礼节

三、名片的接收

（1）如尊者、长者没有要交换名片的意愿，可委婉提出，不宜直接索取。

（2）接收名片时应起立欠身，面带微笑，用双手接住名片的下方两角，接过名片后应致谢，并认真地看一遍表示对对方的重视，可将对方的姓名职衔读出来，然后抬头看看对方，使对方产生一种受重视的满足感。名片上若有不会读的字，应当场请教。切忌接过对方的名片看也不看就立刻收起来，或者马马虎虎瞟一眼，便顺手塞进衣袋。

（3）交换名片后如果需要继续交谈，应尽快将名片放进名片夹，切忌用别的物品压住名片和在名片上做谈话笔记，并注意离开时勿漏带。

（4）第一次见面，同时接收几张名片，务必要记住哪张名片是哪位先生或女士的。如果是在会议席上，休息过程中可以拿出来并依据对方的座位排列次序，这样做同样会使对方感觉受到你的重视，甚至帮助你更准确地辨认人。

（5）接受对方名片后，应立即回敬一张自己的名片，以示尊重和友好。如没有名片可交换，应向对方表示歉意，主动说明，并告知联系方式。例如："很抱歉，我没有带名片""对不起，今天我的名片用完了，过几天我会专门寄一张给您，我的电话号码是×××"。

四、名片的收纳

接过别人名片后切不可随意摆弄或扔在桌子上，也不要随便地塞进口袋或丢在包里，应放入名片夹里，以示尊重。在整理保存的大量名片时，可以将对方的特征、兴趣爱好，以及接收名片的地点、时间、所谈的话题等信息记录在名片背面，为再次见面做好充分准备。

第六节 称呼的礼仪标准

称呼，指的是人们在日常交往应酬之中，所采用的彼此之间的称谓语。称呼礼仪是交际礼仪中的一项基本内容。如何使用称呼、如何用好称呼，已成为社交活动中的一个重要问题。得体的称呼是最悦耳的声音，是打开对方心扉的一把钥匙。恰当、得体的称呼，体现对人的尊重、有礼。相反，不仅会令人不快、使人

尴尬，甚至伤害别人，也有损自己的礼仪形象。

根据社交礼仪的规范，选择正确、适当的称呼，应注意以下三点。

一、合乎常规

在日常生活、工作和交际场合，常规性称呼大体有以下几种。

1. 行政职务

它是在较为正式的官方活动，如政府活动、公司活动、学术活动等活动中使用的。如"王部长""邱局长""金经理"等。

2. 技术职称

仅称职称，例如"教授"；职称前加上姓氏，例如"江编辑"；职称前加上姓名，它适用于十分正式的场合，例如"刘军教授"。

3. 学术头衔

在工作中，以学术头衔作为称呼，可增加被称呼者的权威性。仅称学术头衔，例如"博士"；在学术头衔前加上姓氏，例如"杨博士"；在学术头衔前加上姓名，例如"杨坤博士"；将学术头衔具体化，说明其所属学科，并在其后加上姓名，例如"法学博士杨坤"，此种称呼最为正式。

4. 行业性称呼

称呼职业，即直接以被称呼者的职业作为称呼。例如"老师""医生""护士小姐""警察先生"等。

5. 泛尊称

它是指对社会各界人士在较为广泛的社交中都可以使用的表示尊重的称呼。比如：对于商界、服务业从业人员，按性别的不同分别称呼为"小姐""女士"或"先生"。未婚者称"小姐"，已婚者或不明确其婚否者则称"女士"，在此称呼前，可加姓氏或姓名。

二、入乡随俗

不同地区、不同国家的称呼习惯也有所不同，在称呼上入乡随俗能迅速拉近人与人之间的距离，也能体现自己的礼仪修养。例如，在我国云南地区，昆明和大理分别对男人和女人的称呼就有所不同。在昆明，对女人称阿诗玛，对男人称阿黑哥；而在大理，对女人称金花，对男人称阿鹏哥。

在英美诸国,女子在结婚之后,姓名通常由本人名与夫姓所组成。与英美人士交往,一般应称其姓氏,并加上"先生",例如"华盛顿先生"。在十分正式的场合,则应称呼其姓名全称,并加上"先生""小姐",例如"约翰·威尔逊先生"。对于关系密切的人士,往往可直接称呼其名,不称其姓,而且可以不论辈分。

三、注意禁忌

称呼的礼仪禁忌如下:

(1) 一般念错被称呼者的姓名,或对被称呼人的年龄、辈分、婚否以及与其他人的关系做出了错误的判断都是失礼的。

(2) 现代社会中,过时的或有歧义的称呼都是不适用的,比如"伙计"等。

(3) 在正式场合切勿使用太过随意的称呼。例如,"帅哥""美女""兄弟""姐们儿""小姐姐""亲爱的"等。

(4) 切勿自作主张给对方起绰号、外号,还要注意不要随便拿别人的姓名开玩笑。

拓展阅读

中国古代称谓

中国是文明古国,世人誉之为礼仪之邦、君子之国,即使是在唇枪舌剑的论战中,我们的先人也同样讲究语言美。《礼记·仪礼》道:"言语之美,穆穆皇皇。"穆穆者,敬之和;皇皇者,正而美。就是说,对人说话要尊敬、和气,谈吐文雅。

一、敬称

现在我们称呼对方的代词只有"你"和"您",而古代,虽然有汝、尔、若、而、乃等好几个称谓,但是对长辈、平辈说话时,从来不用这些词,认为如此称呼不礼貌。古人有多种多样表示尊敬的称呼,大概有如下数种。

(1) 用"道德高尚"的说法称呼对方,如称人为"子、夫子、先生"等。

(2) 从辈份上尊称对方,如称人为"父老、父、丈人、母、媪、老伯"等。

(3) 称对方的字、号。

(4) 称对方的身份时加上"贤、尊、高"等字眼,如"贤侄""贤婿"等。

(5) 用对方的部下来代称对方,表示由于尊敬的缘故不敢直接指呼对方。例如,"陛下"代称帝王;"殿下"代称皇后、太子;"阁下""足下"等代称一般人。

令尊:尊称对方的父亲。

令堂：尊称对方的母亲。

令郎（令子、令郎君、令嗣）：尊称对方的儿子。

令爱（令媛）：尊称对方的女儿。

令婿（令坦、令倩）：尊称对方的女婿。

令媳：尊称对方的儿媳。

令正（令阃、贤阁、尊夫人）：尊称对方的妻子。

乔梓：称别人的父子。

昆玉（昆仲）：称别人的兄弟。

令侄：称别人的侄儿。

贤契：称自己的学生。

高足：称别人的学生。

二、谦称

古代第一人称代词除了"我"以外，还有"余、吾、予、朕①、台、卯"等。但古人对长辈或平辈说话时，也不用它们而是毫无例外地用谦称。例如：

（1）用"道德不高尚"或"不聪明"的说法来称呼自己。如自称"鄙人、小人、愚"等。

（2）"用辈份低"的说法来称自己。例如自称"小弟、小侄"等。

（3）用"地位卑贱"的说法来称呼。例如自称"臣、仆、在下、贱子、牛马、自己、下走"等。

（4）称呼自己的身份、职务，有时还加上"卑、小、贫"等字眼。例如自称"弟子、学生、小生、贫僧、卑吏、卑职"等。

（5）直呼自己的名。例如孔子自称"丘"。

称自己的妻子为"贱内、拙荆"。

称自己的孩子为"贱息、犬子"。

称自己的朋友为"敝友"。

称自己的意见为"愚见、愚计"。

家父（家严、家君）：称自己的父亲。

家母（家慈）：称自己的母亲。

家兄、家姐：称自己的兄姐。

舍弟舍妹：称自己的弟妹。

舍侄：称自己的侄儿。

---

① 朕是自秦始皇起用作皇帝专有的第一人称代词。

内人（内子、内助、拙荆）：称自己的妻子。

外子：称自己的丈夫。

犬子（豚子、犬儿、小子）：称自己的儿子。

小女：称自己的女儿。

敝友：称自己的朋友。

回答别人称"上报"等。

三、其他称谓

古人的礼貌语言还表现在：凡是说到与对方有关的行为、人物、事情、物品时，大都要使用尊敬、委婉的说法。例如：

称别人的姓、名和字为"贵姓、大名、尊讳、尊字"等。

称别人年龄为"贵庚、尊庚、芳龄、高寿"等。

称别人的住处为"尊府、府上、尊寓、华居"等。

称别人的神态、相貌为"风采"等。

称别人的亲属去世为"作故人、谢宾客、仙游"等。

第四章

民航接待服务礼仪

第一节　窗口接待礼仪

一、窗口工作人员应树立微笑服务意识

如何给顾客留下良好的第一印象是窗口服务工作的第一步。经研究发现，人由视觉接收到的信息占总信息的83%，第一印象的好坏主要取决于外表。对于窗口工作人员来说，优雅、得体的仪容仪表和亲切、温和的面部表情是影响第一印象的关键所在。

人的面部表情中最能够传神表意的就是笑容，微笑服务是民航服务的基本要求。微笑是一份永恒的介绍信，是通向五大洲的护照，也是拨动顾客心弦的最美好的语言。微笑展示公司形象，也体现民航人自信乐观的个性形象和敬业乐业的工作态度。

正确微笑八原则：

（1）主动微笑原则。

（2）自然大方微笑原则。

（3）眼中含笑原则。

（4）真诚微笑原则。

（5）健康微笑原则。

（6）最佳时机和维持原则。

（7）一视同仁原则。

（8）天天微笑原则。

二、接待礼仪规范

（一）文明待客——待客三声

所谓"待客三声"是指来有迎声、问有答声、去有送声。

来有迎声的含义就是要主动、热情、友善地与客人打招呼，主动、热情、友善地向对方问候致意，体现的是服务人员主动的服务意识。

有问必答是一种耐心，是一种教养，也是一种风度。问有答声是文明待客的一种基本理论。

本着自始至终、有始有终的原则，当客人离去时，窗口服务人员要主动向对方道别、致意。忽视这最后一个环节，来有迎声、问有答声的种种良好表现都会前功尽弃。

（二）礼貌待客——"十字"礼貌用语

在工作当中学会使用"十字"礼貌用语——您好、请、谢谢、对不起、再见。

（三）热情待客——做一个聪明的服务工作者

1. 眼到

接待客户时，一定要目视对方，注意与对方交流眼神。面对客人时，必须养成双眼正视对方的习惯，不看对方是失礼的行为，敷衍了事地看着对方也是失礼的行为，不用规范化的方法看对方更是失礼的行为。要注意自己看对方的时间长短是否合适，部位是否正确，要注意自己注视对方的角度是否给对方留有尊重友善之意，因为斜眼看对方或者对对方进行全方位扫描的做法都是非常失礼的。

2. 耳到

学会并懂得聆听客户的声音，在客户提出要求时不得假装没听到，善于聆听客人的"话外音"。

3. 口到

待客之语，一定要让对方听清楚、听得懂，否则劳而无功。所谓"口到"的含义，主要有两个：语言上无障碍；说话到位。

4. 心到

在接待服务中应做到真心、诚心。

真诚是一种心灵的开放。

真诚是人生最高的美德。

5. 意到

待客时,最佳的表情应当是自然而大方。意到就是表情、神态要热情、友善而专注,具体而论,意到有以下几个要求:

(1)表情、神态自然。

(2)注意与交往对象进行互动。

(3)表情应落落大方,不卑不亢。这样的表情不仅代表本企业良好的管理水平,也代表员工的良好素质,会给客户留下对企业的美好印象。

6. 手到

手到指手语姿势到位。

第二节 接待中的引导与位次礼仪

一、引导礼仪的手势要求

引导与指引是礼仪接待工作中必不可少的一部分,指引时五指并拢,手掌向上倾斜45°,手臂伸开的幅度根据指示位置的远近而定。通常,左右手均可用来指引,当我们站在客人左边,可用左手指引,站在右边则用右手,选择用那只手指引以不妨碍接待对象为准(见图4.1)。

说明:引导礼仪的手势要求详见本书第八章。

图4.1 指引手势

二、不同场景下的引导与位次礼仪

（一）上下楼梯

引导客人上楼时，应让客人走在前面，接待工作人员走在后面；若是下楼时，应该由接待工作人员走在前面，客人在后面。上楼梯时，尊者先上；下楼梯时，卑者先下，即尊者始终在高位置上。但男女同行上下楼梯时，男士应在前，女士在后，或者男士在女士左侧同行，防止尴尬（见图4.2）。

图4.2　上楼梯礼仪

（二）出入电梯

电梯内没有其他人的情况下，接待人员应先进入电梯，按住"开"的按钮，此时再请尊者进入电梯；出电梯时，按住"开"的按钮，请尊者先出。电梯内有人时，无论上下都应尊者优先。

（三）会客

客人走入客厅，接待工作人员用手指引，请客人坐下，客人坐下后，行点头礼后离开。如引领客人进入陌生房间，接待人员应打开房门先进，在房门内侧请客人进入，避免客人心生顾虑。

（四）日常行进

两人并行时，以右侧（内侧）为尊；三人同行，居中为上。礼仪接待人员应走在客人外侧二三步之前，配合客人的步速前行，不可走得过快，行进中适时用手指引提醒。

无论是哪种场景下的引导，都应注意五指并拢，仪态自然大方，指示时眼睛跟随手的指示方向。

（五）乘车

乘坐轿车时，按照惯例，应当恭请位尊者首先上车，最后下车；位卑者则应当最后登车，最先下车。

不同类型的轿车位次确定：

（1）乘坐吉普车时，前排驾驶员身旁的副驾驶座为上座。车上其他的座次，由尊而卑依次应为：后排右座，后排左座。

（2）乘坐四排座或四排座以上的中型或大型轿车时，以前排即驾驶员身后的第一排为尊，其他各排座位由前而后依次递减。而对于各排座位，则又讲究"右高左低"，即座次的尊卑应当从右而左依次递减。简单地讲，可以归纳为：由前而后，自右而左。

（3）乘坐双排座或三排座轿车时，座次的具体排列，则又因驾驶员的身份不同而具体分为下述两种情况。

第一种情况，车主亲自驾车。

① 在这种情况下，双排五座轿车上其他的四个座位的座次，由尊而卑依次应为：副驾驶座，后排右座，后排左座，后排中座。

② 三排七座轿车上其他的六个座位的座次，由尊而卑依次应为：副驾驶座，中排右座，中排左座，中排中座，最后一排三个座位可不分尊卑位次。

当主人亲自驾车时，若一个人乘车，则必须坐在副驾驶座上，若多人乘车，则必须推举一个人在副驾驶座上就座，否则就是对主人的失敬。

第二种情况，是由专职司机驾车。

① 在这种情况下，双排五座轿车上其他的四个座位的座次，由尊而卑依次应为：后排右座，后排左座，后排中座，副驾驶座。

② 三排七座轿车上其他的六个座位的座次，由尊而卑依次应为：中排右座，中排左座，中排中座，副驾驶座，最后一排三个座位可不分尊卑位次。

根据常识，轿车的前排，特别是副驾驶座，是车上最不安全的座位。因此，按照惯例，在社交场合，该座位不宜安排妇女或儿童就座。而在公务活动中，副驾驶座，特别是双排五座轿车上的副驾驶座，则被称为"随员座"，专供秘书、翻译、警卫、陪同等随从人员就座。

乘坐公共汽车、火车或地铁时，往往需要对号入座，座位可供选择的余地并不太大。比较而言，有关座次的讲究也相对较少。基本的规矩是：临窗的座位为

上座，邻近通道的座位为下座。与车辆行驶方向相同的座位为上座，与车辆行驶方向相反的座位为下座。

在有些车辆上，乘客的座位分列于车厢两侧，而使乘客对面而坐。在这种情况下，应以面对车门一侧的座位为上座，以背对车门一侧的座位为下座。

| 拓展阅读 |

客舱服务该用哪只手递餐食？

国内航线客舱服务过程中用哪只手递餐食，航空公司的服务手册里是有规定的，但总体原则是肘部不能碰到旅客，左右手都会用到。但在东南亚诸国，人们认为左手是不干净的，握手时若伸出左手或以左手递东西给对方，对方会认为你是蔑视他，或是对他怀有恶意。因此握手或递交东西时，必须使用右手或是用双手为妥。所以，如果有飞东南亚的航班，客舱服务人员必须知道这个礼仪风俗，不能用左手递送物品。

第三节　电话接待礼仪

电话是一种常见的通信、交往工具，接打电话的礼仪是公共关系礼仪的重要内容之一。接打电话不仅成为一种便捷的通信手段，而且成为人们日常生活中重要的交际方式。各大企业、公司，尤其是服务业，电话更可以说是生命线，因为有相当多的客户都是以接电话者的态度来判断这家公司值得信赖的程度。因此，掌握电话礼仪有利于民航服务人员塑造良好的职业形象，更有效地服务客户。

（一）接听电话

1. 迅速准确地接听电话

在日常工作中，需要养成良好的电话接听习惯。通常，应该在电话铃声响过两声之后接听电话，如果电话铃声三响之后仍然无人接听，客户往往会认为员工的服务水平不佳，连及时接电话的人都没有。电话在超过三声才接听，拿起电话首先要说"对不起，让您久等了"（见图4.3）。

图4.3 接电话图

2. 重要的第一声

在电话接通之后,接电话者应该先主动向对方问好,并立刻报出机构或部门的名称。例如:您好,新国旅行社,请问有什么可以帮您的?随着时间的增长,很多人在工作中都变得懒散了,拿起电话往往张口就说:"喂,你好""你好,订票吗",这是很不专业的,应该彬彬有礼地向客户问好。在得知客户姓氏或性别时要尊称"先生"或"女士"。

3. 注意声音和表情

沟通过程中表现出来的礼貌最能体现一个人的基本素养,养成礼貌用语随时挂在嘴边的习惯,可以让客户感到轻松和舒适。因此,接听电话时要注意声音和表情,应微笑地接听电话。声音好听,并且待人亲切,会让客户产生消费的冲动。不要在接听电话的过程中暴露出自己的不良心情,也不要因为自己的声音而使公司声誉受损。

4. 复述及记录要点

电话接听完毕之前,不要忘记复述一遍来电的要点,防止记录错误或者偏差而带来误会,使整个工作的效率更高。例如,应该对客户的姓名、消费要求(机票行程及时间、折扣等)、联系电话等各方面的信息进行核查校对,尽可能地避免错误。

电话记录牢记5W1H原则,即When何时,Who何人来电,Where事件地点,What何事,Why为什么、原因,How如何做。

5. 让客户先收线

不管是制造行业,还是服务行业,在打电话和接电话过程中都应该牢记让客户先收线。因为一旦先挂上电话,对方一定会听到"喀嗒"的声音,这会让客户感到很不舒服。因此，在电话即将结束时，应该礼貌地请客户先收线，这时整个电话接听过程才算圆满结束。

（二）拨打电话

1. 选择对方方便的时间

不论与他人有多么熟悉，也最好不要在对方休息时打电话，比如用餐时间、午休时间，尤其是晚上的睡觉时间。一般的公务电话最好避开节假日、晚上21:00至次日7:00、临近下班时间等时间段。给国外人士打电话，应先了解时差。

2. 通话前做好准备

物质准备：文具、资料。

内容准备：讲话内容及其先后顺序的安排。

3. 公私有别

体现爱岗敬业的精神，办公室内应避免私人电话。无重要事情，办公室电话应牢记3分钟原则。

第四节　特殊旅客服务

特殊旅客是指由于各种原因需要在飞行中得到特殊照顾的旅客。如重要旅客、无成人陪伴儿童、孕妇、婴儿、病伤旅客、老年旅客、残疾旅客、担架旅客、轮椅旅客以及犯人、盲人、精神失常等旅客。

1. 老年旅客的服务

在乘机过程中，老年旅客最关心的就是飞机的安全，其次，他们害怕的就是飞机起降时带来的不适应感。作为服务人员应提前向他们介绍飞机旅行常识，在关键时刻提前告诉他们注意事项，并尽可能地守护在他们身边，以消除他们的恐惧心理。

尽管老人嘴上不说，但他们内心还是需要别人的关心和帮助。乘务员应洞悉并及时满足他们的心理需求，尽量消除他们的孤独感。

为老年人提供饮料时，应适当提高音量，主动介绍饮料品种，提醒旅客哪种饮料含糖分；老年旅客需要橙汁时应主动提醒旅客橙汁是微酸的。因老年人对食物的消化功能较弱，因此要介绍一些清淡、易于消化、容易食用的食物，不要介绍那些刺激性强、味道重、带刺的食物，尽量提供热饮料和软的食物。

2. 婴儿和儿童的服务

14天至2岁的孩子称为婴儿，2岁至12岁的孩子称为儿童。婴儿易哭闹，

儿童好奇心强、自制力差、活泼好动。

为抱婴儿的旅客提供饮料须注意：左手抱时，饮料放右手边；右手抱时，饮料放左手边，同时提醒旅客注意避免将饮料泼洒到婴儿身上。提供饮料服务时，需提供给监护人后再转给儿童或婴儿，冷饮服务需同时提供吸管。

婴儿禁食辣味餐。同时提醒儿童在飞机上不要多喝带气饮料，多提供干、湿纸巾。提醒儿童之间不要随意打闹（尤其使用刀叉等危险品玩耍时），并提醒其家长。

3. 孕妇的服务

主动帮助提拿、安放随身携带物品，注意调节通风口；乘机时将孕妇安排在适当的座位（不能安排在紧急出口的座位上），经常主动了解孕妇的情况以随时给予照顾；主动介绍客舱服务设备，特别是呼唤铃、清洁袋、洗手间的位置和使用方法。了解孕妇情况是否符合乘机规定。

4. 担架病人的服务

担架病人乘机都有特殊旅客乘机通知单，要事先了解其病症、到达站、有无医务人员或家人陪同，担架是否随机及有无特殊要求等。

根据情况安排担架病人先上飞机，飞行中指定专人负责，经常观察、询问病情，根据情况妥善照顾。供应饮料和餐食时，要与病人或陪同人员商量，也要协助进食。了解到达站有无车接，必要时，可根据旅客要求报告机组，与地面联系安排有关事宜。

5. 盲人旅客的服务

为盲人旅客服务时服务人员主动做自我介绍，沟通中不用"看"等字眼，征得旅客同意方可搀扶。在上下飞机和行走时，让盲人旅客拉着乘务员的手，不断提醒前后左右等方向。就座后，帮助安放手提物品（尽量放在盲人旅客可以触摸到的地方），帮助系好安全带并讲解解开的方法。向盲人旅客介绍紧急设备的方向、位置及使用方法，触摸各种服务设备、洗手间的位置，并教会其使用方法。

飞行中，供应餐食和饮料时，可将餐盘比作时钟，把餐盘内的各种食物（热、冷食、饮料、水果等）的位置告诉盲人。提醒盲人旅客热烫食物的位置，避免盲人旅客烫伤。给盲人旅客递送物品时必须确认其接拿稳妥后再放手。在旅客需要时，乘务员应协助其上洗手间，同时介绍洗手间内设备的使用方法。

下机时，了解到达站是否有人来接，主动送下飞机，交代地面人员给予照顾。

6. 聋哑旅客的服务

聋哑旅客大多数会读口型，因此与其交谈时应面对旅客，放慢说话的速度，必要时可借助手语或手势来表达，但必须注意手势礼节。也可用书面形式与聋哑旅客进行沟通。

7. 病残旅客的服务

病残旅客是指有生理缺陷、有残疾的旅客以及在乘机过程中突然发病的旅客，这些人较之正常人自理能力差，有特殊困难，迫切需要别人帮助，但是他们自尊心都极强，一般不会主动要求服务人员的帮忙，不愿意别人视他们为残疾人，或把他们当作残疾人对待。对此，服务人员要了解这些旅客的心理，特别注意尊重他们，最好悄悄地予以帮助，让他们感到温暖。

服务人员对于说话不清楚或口吃的旅客，要注意倾听他的讲话，力求一次听明白，和他对话时，语调要缓慢柔和，语句应简明扼要。

在照顾各种残疾旅客时，都要考虑到患者的意愿，不要触碰患病部位，不要伤害他们的自尊心。

8. 轮椅旅客的服务

对可行走的轮椅旅客，主动搀扶其上下飞机，并帮助提拿、安放行李，将旅客自己携带的轮椅放入散舱中。对完全丧失行动能力且无人陪伴的旅客，协助客运部人员用专用轮椅机接送旅客上下飞机，并将其安顿在指定的座位。不要将旅客安排在靠近紧急出口的位置，为旅客安放好随身拐杖，告诉旅客存放的位置，并及时提供其使用。

飞行中指定专人照顾，主动介绍服务设备的使用方法。若旅客需要使用洗手间，乘务员应引导并搀扶旅客进、出洗手间，向其介绍洗手间的设备及使用方法。飞行中根据需要，为其提供毛毯。

乘务员在飞机下降前，通知机组与地面人员联系，准备轮椅。帮助旅客整理随身物品，并送其下机。轮椅旅客原则上先上飞机，后下飞机。

9. 无成人陪伴儿童的服务

登机前，乘务长应与地面值机人员交接。登机时，首先要了解所持文件袋内文件是否齐全（无成人陪伴儿童申请书、交接单、声明、客票、户口本），了解接送儿童人员的姓名、地址及电话号码，了解儿童的身体情况、生活习惯、日常爱好、所携带的物品，以及儿童的家长提出的特殊要求等。指定一名乘务员在飞行中负责照顾该儿童，向儿童介绍周围的服务设施——呼唤铃、阅读灯、邻近的洗手间及其使用方法，不要安排儿童坐紧急出口旁的座位。无人陪伴的儿童应安排在乘务员方便照顾的座位上。随时掌握儿童的空中活动情况，尤其注意防止机上不安全因素的发生。防止其乱摸乱碰机上设施，颠簸、下降时防止其四处跑动。

10. 患有精神病旅客的服务

如果登机时某旅客显示出精神状态异常，干扰了机组成员工作，并危及旅客与机组的安全，由机长通知地面值机人员。地面值机人员将该旅客带下飞机并做善后处理。

如果在飞机推出之后发现某旅客显示精神状态异常，应通知机长，并由机长来决定是否滑回并劝其离机。飞机返回登机口，通知地面值机人员处理该旅客的离机及以后事宜。

旅客在起飞后显示出精神状态异常，应立即通知机长。请求该旅客的陪同人员，或其旁边的旅客，或指定专门的乘务员安抚该旅客，避免引起其他旅客的惊慌，同时密切注意该旅客是否有进一步恶化的迹象。必要时，对该旅客采取管制性约束。

拓展案例

特殊旅客服务案例

案例1 一位下肢残疾的老先生，在飞机上不吃不喝，细心的乘务员发现后进行询问，才知老先生是为了减少上厕所的次数，怕给乘务员添麻烦。乘务员热情地安慰他："没关系，您上厕所的时候我们会帮助您的。"老人这才放心地吃东西。后来老人要上洗手间，两位乘务员把他搀扶到厕所并在门外一直等候，老先生感动得流着泪说："你们真比我的亲生儿女还亲。"

案例2 在上海飞往广州的航班上，两位美国女性刚上飞机，就一边皱眉头、掩鼻子，一边嚷嚷着说客舱里空气不好。一位空中乘务员微笑着走过去，一面请她们原谅，一面递上一小瓶香水，没想到的是香水却被她们扔到客舱座位的角落里去了。此时，乘务员心里很不是滋味，自尊心受到了伤害，但还是微笑着给她们送可口可乐。可是这两位美国女性还没喝，说可乐有问题，甚至过分地将可乐泼到乘务员的身上。乘务员强忍着这种极端无礼的行为对自己人格的污辱，再次把可乐递了过去，不卑不亢地用英语说："小姐，这些可口可乐是美国的原装产品，也许贵国这家公司的可口可乐都是有问题的，我很乐意效劳，将这瓶可口可乐连同你们的芳名及在美国的地址，一起寄到这家公司，我想他们肯定会登门道歉，并将此事在贵国的报上大加渲染的。"两位女士目瞪口呆。这位智慧的乘务员又微笑着将其他饮料递给她们。事后，这两位女士在留下的信中检讨说她们自己太苛刻、太过分，并称赞中国的空中乘务员服务和微笑是一流的。

拓展阅读

国内航线普通舱服务流程（航程时间≤60分钟）

——摘自海南航空公司客舱服务手册

一、预先准备阶段（客舱乘务员从查询飞行任务至登机前的准备工作阶段）

1. 自行准备。

2. 乘务航前准备会。

3. 机组协同。

二、直接准备阶段（客舱乘务员登机后的地面准备工作至旅客登机前的准备工作阶段）

1. 乘务员按规定登机。

2. 个人物品摆放（飞行箱、围裙等）。

3. 清舱。

4. 检查机上设备、设施。

1）检查应急设备；

2）检查服务设备；

3）检查厨房设备。

5. 清点机供品。

6. 厨房准备工作。

7. 客舱布置、洗手间用品摆放。

8. 检查客舱卫生。

9. 迎客前准备。

10. 再次清舱。

11. 播放登机音乐。

12. 调亮客舱灯光。

13. 整理个人仪容仪表。

14. 各就各位迎接旅客登机。

三、飞行实施阶段（迎客至送客期间的客舱工作阶段）

（一）起飞前工作程序

1. 迎客。

1）确认应急出口旅客资格并完成介绍；

2）确认行李架内物品安放稳妥，并关闭行李架。

2. 关闭舱门。

3. 关闭客舱音乐。

4. 滑梯预位操作和确认。

5. 关闭电子设备检查。

6. 安全演示。

7. 安全检查。

1）客舱安全检查；

2）厨房安全检查；

3）乘务员自身确认检查。

8. 灯光调节。

9. 起飞前安全确认广播。

（二）起飞后工作程序

1. 平飞后航线及服务介绍广播。

2. 报纸服务。

3. 餐饮服务。

4. 会员申请表、意见卡的发放。

5. 下降前安全检查广播。

6. 安全检查。

1）客舱安全检查；

2）厨房安全检查；

3）乘务员自身确认检查。

7. 灯光调节。

8. 落地前再次确认广播。

（三）落地后服务程序

1. 落地后广播。

2. 灯光调节。

3. 滑梯解除预位操作与确认。

4. 播放送客音乐。

5. 开舱门。

6. 交接工作。

7. 送客。

8. 清查客舱。

9. 更换乘务组航班到达后的交接工作。

四、航后讲评阶段（航后讲评是对整个航班工作的总结及评价）

1. 航后讲评会。

2. 信息提交。

第五章

沟 通 技 巧

第一节 沟通概述

一、沟通的概念及目的

沟通是人与人之间、人与群体之间思想与感情的传递和反馈的过程，以求达成思想的一致和感情的通畅。

沟通的目的是让对方达成行动或理解你所传达的信息和情感，即沟通的品质取决于对方的回应。良好的沟通是要说对方想听的、听对方想说的。要想达到这个目的就必须对问题和语言进行有效的编码、解码与反馈。所以，真正有效的沟通是双向沟通，倾听者的倾听态度和说话者的沟通方式同样重要。

提高沟通效果应弄清楚听话者想听什么，并以对方感兴趣的方式表达，如幽默、热情、亲和、友善等，在沟通过程通过认同、赞美、询问需求的方式实现。同时，依据需求选择沟通场所，聆听时用对方乐意的方式进行倾听，积极探询诉说者想说什么，积极回应并鼓励对方表述。

二、沟通的要素

沟通的要素包括沟通的内容、沟通的方法、沟通的动作（见图5.1）。就其影响力来说，沟通的内容占7%，即说什么；沟通的动作占55%，影响最大，指的是外表视觉（即形象），包括体态、体貌、动作、姿势等体现人的精神状态的内容；沟通的方法占38%，即声音、语速、语气、音质、音色、音量等都应体现出人的自信和气质。同样的文字，在不同的声音和行为下，表现出的效果是截然不同的，所以有效的沟通应该是更好地融合好这三者。

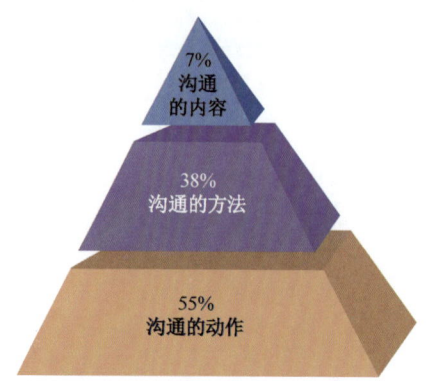

图 5.1　沟通的要素

从心理学角度，沟通中包括意识和潜意识层面，而且意识只占 1%，潜意识占 99%。要想取得好的沟通效果，必然是在潜意识层面的、有感情的、真诚的沟通。

沟通中的"身份确认"，即针对不同的沟通对象，如上司、同事、下属、朋友、亲人等，即使是相同的沟通内容，也要采取不同的沟通方式。

沟通中的肯定，即肯定对方讲话的内容。可以通过重复对方沟通中的关键词，甚至能把对方的关键词语经过自己语言的修饰后，回馈给对方，这会让对方觉得他的讲话得到你的认可与肯定。

沟通中的聆听，聆听不是简单的听就可以了，需要将对方讲话的内容、意思把握全面，这才能使自己在回馈给对方的内容上，与对方的真实想法一致。例如，有很多人属于视觉型的人，在沟通中有时会不等对方把话说完，就急于表达自己的想法，结果有可能无法达到深层次的沟通。

三、人际沟通的分类

（一）按照沟通线路分类

（1）单向沟通：速度快，易失真，信息发送者的心理压力较小。

（2）双向沟通：速度慢，准确度高，信息发送者心理压力较大。

（二）按照地位高低分类

（1）上行沟通：地位较低者主动向地位较高者的沟通。

（2）下行沟通：地位较高者主动向地位较低者的沟通。

（3）平行沟通：身份和地位相仿者之间的沟通。平行沟通可以协调人际关系，加强成员间的友谊，增强团体的凝聚力。

第五章 沟通技巧

（三）按照沟通目的分类

（1）工具式沟通：沟通的目的是影响和改变沟通接收者的行为，达到一定的目的。

（2）感情式沟通：沟通双方表达感情，获得同情、谅解与理解，获得精神上的需求，最终改善人与人之间的关系。

（四）按照沟通渠道分类

（1）正式沟通：在组织中通过明文规定的渠道，进行信息的传递与交流。例如上级向下级下达指示、发送通知，下级向上级呈送材料、汇报工作，以及定期的会议制度等。

（2）非正式沟通：在组织系统以外进行的信息传递与交流，包括员工间的非正式接触、交往，非正式的郊游、聚餐、闲谈、耳语等。

（五）按照沟通工具分类

（1）口头沟通：借助口头语言进行的沟通，如演讲、讨论、会谈、电话联系等。

优点：简便易行，灵活迅速，尤其可伴有手势、体态和表情，增强传递信息的效果。

缺点：信息保留的时间较短，使用也受条件的局限。

（2）书面沟通：以文字为媒介，借助于书面语言进行的沟通，如布告、通知、书信等。

优点：信息可以长期保存，对一时辨别不清的信息可以反复研究。

缺点：沟通效果受文化修养的影响很大，对情况变化的适应性较差。

四、有效沟通的法则

法则一：沟通是一种感知

与他人说话时必须依据对方的身份选择沟通方式。如果一个博士和一个没有文化的人交谈，他必须用对方熟悉且习惯的语言表达形式，否则沟通的目的很难达到。谈话时试图向对方解释自己常用的专门用语并无益处，因为这些用语已超出了他们的感知能力。接收者的认知取决于他的教育背景、过去的经历以及他的情绪。如果沟通者没有意识到这些问题的话，他的沟通将会是无效的。另外，晦涩的语句就意味着杂乱的思路，所以，需要修正的不是语句，而是语句背后想要表达的看法。

有效的沟通取决于接收者如何去理解。例如经理告诉他的助手："请尽快处理这件事，好吗？"助手会根据经理的语气、表达方式和身体语言来判断，这究竟是命令还是请求。德鲁克说:"人无法只靠一句话来沟通,总是得靠整个人来沟通。"

所以,无论使用什么样的渠道,沟通的第一个问题必须是:这一讯息是否在接收者的接收范围之内?他能否接收到?他如何理解?

法则二:沟通是一种期望

对管理者来说,在进行沟通之前,了解接收者的期待是什么显得尤为重要。只有这样,我们才可以知道是否能利用他的期望来进行沟通。

例如,一位经理安排一名主管去管理一个生产车间,但是这位主管认为,管理该车间这样混乱的部门是件费力不讨好的事。经理于是开始了解主管的期望,如果这位主管是一位积极进取的年轻人,经理就应该告诉他,管理生产车间更能锻炼和反映他的能力,今后还可能会得到进一步的提升;相反,如果这位主管只是得过且过,经理就应该告诉他,由于公司精简人员,他必须去车间,否则只有离开公司。

法则三:沟通产生要求

沟通永远都是一种"宣传",都是为了达到某种目的,例如发号施令、指导、斥责或诉求。如果沟通能够符合接收者的渴望、价值与目的的话,它就具有说服力,这时沟通会改变一个人的性格、价值、信仰与渴望。假如沟通违背了接收者的渴望、价值与动机时,可能一点也不会被接受,或者最坏的情况是受到抗拒。

例如,一家公司员工因为工作压力大、待遇低而产生不满情绪,纷纷怠工或准备另谋高就,这时,公司管理层反而提出口号"今天工作不努力,明天努力找工作",更加招致员工反感。

法则四:信息不是沟通

公司年度报表中的数字是信息,但在每年一度的股东大会上董事会主席的讲话则是沟通,当然这一沟通是建立在年度报表中的数字基础之上的。沟通以信息为基础,但和信息不是一回事。

信息与人无涉,不是人际间的关系。它越不涉及诸如情感、价值、期望与认知等人的成分,它就越有效力且越值得信赖。信息可以按逻辑关系排列,技术上也可以储存和复制。信息过多或不相关都会使沟通达不到预期效果,而沟通是在人与人之间进行的;信息是中性的,而沟通的背后都隐藏着目的。沟通由于沟通者和接收者认知和意图不同显得多姿多彩。

尽管信息对于沟通来说必不可少,但信息过多也会阻碍沟通。信息就像照明灯一样,当灯光过于刺眼时,人眼会感觉眩晕,信息过多也会让人无所适从。

第二节 性格与沟通

日常生活中常说这个人的性格很好、很友善，那个人的性格很差、很爱发脾气，那么什么是人的性格呢？

个体心理学创始人阿德勒将性格（Character）定义为：一个人尝试去适应他所居住的环境，因而显现出来的特殊作风。而在心理学中，我们更多地认为性格是指一个人在对现实的稳定的态度和习惯了的行为方式中表现出来的人格特征，它表现一个人的品德，对人的价值观、人生观、世界观的影响。这些具有道德评价含义的人格差异，称为性格差异。性格是人在后天社会环境中逐渐形成的，是人的核心的人格差异。性格有好坏之分，能最直接地反映出一个人的品格风貌。

一、性格的类型

SMCP 性格分析法将人的性格分为四种：活泼型、完美型、力量型、和平型。SMCP 是英文 Sanguine Melancholy Choleric Phlegmatic 的缩写。

1．S 活泼型——外向、多言、乐观

优点：活泼型性格的人情感外露，热情奔放，他们懂得把工作变成乐趣，而且乐于与人交往。活泼型性格的人热情直率，他们习惯了拥抱、亲吻、拍打或抚摸他们的朋友。他们认为这些接触非常自然。他们能制造气氛，能激发沉闷型性格的人的热情。给活泼型性格的人一个听众，他就可以滔滔不绝。活泼型性格的人天生希望成为人们注意的中心。

缺点：活泼型性格的人以自我为中心，不关注他人，很少注意他人的需要，因为他们与生俱来有一种逃避问题及避开不利处境的倾向。

2．M 完美型——内向、思考者、悲观

优点：完美型性格的人是个思想家，他们对待目标严肃认真。他们强调做事的先后次序和组织，他们崇尚美感和才智。他们不会一时冲动，寻找刺激；反之，他们会为自己的生活做长远且最好的安排。完美型性格的人对细节特别留意，所以是活泼型性格的人最佳旅游伴侣。完美型性格的人通常穿着整齐。一件工作如果由完美型性格的人负责，这件工作会做得很好而且能够准时完成。完美型性格的人对别人关心体贴，热心助人。他们善解人意，他们愿意聆听别人诉说困难，帮助分析，

找出有效的解决办法。完美型性格的人是完美主义者，他们要求完美的配偶。他们交友谨慎，宁愿只有几个知己，而不愿像活泼型性格的人那样，有太多的"熟人"。

缺点：由于天生消极的倾向，完美型性格的人对自己的评价非常苛刻，总将事情私人化，常常自找烦恼。

3．C力量型——外向、行动者、乐观

优点：力量型性格的人永远充满动力，满怀理想，勇于攀登高峰。力量型性格的人总是对准目标奋力进发直至成功。当活泼型性格的人在说话、完美型性格的人在思考时，力量型性格的人会奋力进取。力量型性格与活泼型性格的人相似之处是：他们都外向而且乐观。力量型性格的人能坦诚地与人交流，他们知道一切都将会妥当处理——只要由他们来负责。他们比其他气质类型的人能完成更多的工作，而且他们让别人清楚地知道他们的立场。由于力量型性格的人是目标主导兼具有与生俱来的领导素质，他们往往在自己所选择的职业领域中达到顶峰。大多数具有政治影响力的领袖，基本上都是力量型性格的人。

缺点：力量型性格的人是出色的工作者，他们比任何其他性格的人都能干；但在另一方面，他们不会自我放松和减压，他们对于成功的迫切感会给周围的人带来较大的压力。

4．P和平型——内向、旁观者、悲观

优点：和平型性格的人随和、闲适、平静、有耐心，不干预、不侵犯他人，并且心情愉快。当你去看望一个力量型性格的朋友时，他一边在干着要紧事，一边在和你说话，他使你感到他的时间是如此宝贵。而和平型性格的人会放下手中的一切，坐下来与你轻松聊天。和平型性格的人朋友众多的另一个原因是他们是最好的聆听者。在一个小组中，和平型性格的人更愿意听而不是讲。他们能保持安静，不用说一句话，因为其他三种性格的人都需要聆听者。和平型性格的人最令人欣赏的最大特点之一是在"风暴"中仍能保持冷静。当活泼型性格的人在尖叫、力量型性格的人在攻击、完美型性格的人在消沉时，和平型性格的人则冷静处事。

缺点：和平型性格的人最主要的表现是非常懒惰，希望得过且过。和平型性格的人虽有温和的外表，却很固执。这种固执的性格的根本原因在于和平型的人不愿意沟通。由于他们尽量避免对抗和争吵，自然会保留自我的感受，很少与他人坦诚地说出来，也因此减少了冲突的机会。和平型性格的人的沉默使他们避免了许多麻烦，但是隐藏自己的感情和不进行沟通，却扼杀了与他人可能建立的美好关系。

第五章 沟通技巧

拓展案例

死刑犯

从前有四个死刑犯,分别是四种性格的,在临刑的那一天,断头台突然坏掉了。

第一个人说:"太好喽,不用死,大家明天开个 Party 庆祝一下!"这个是活泼型性格的人。

第二个人说:"我要研究一下这个断头台哪里坏了……"这个是完美型性格的人。

第三个人说:"我早就跟你说过我没罪!"这个是力量型性格的人。

第四个人说:"大家都没事……"这个是和平型性格的人。

二、分析自己的性格

如果以一场聚会为例子,在聚会的人群中,活泼型性格的人属于讲故事的人,和平型性格的人属于听故事的人,完美型性格的人会分析故事,力量型性格的人属于产生故事的人。那么你属于哪一种性格呢?

性格计分卷见表 5-1,在表格所列性格特点中选择最合适自己的,如果不能确定,请询问您的亲人或朋友,最后统计 S、C、M、P 各有多少,统计结果最多的那个就是自己最偏向的性格特征。

表 5-1 性格计分卷

优 点					缺 点			
S 活泼型	C 力量型	M 完美型	P 和平型		S 活泼型	C 力量型	M 完美型	P 和平型
□生动	□富于冒险	□善于分析	□适应力强	01	□露骨	□专横	□忸怩	□乏味
□喜好娱乐	□善于说服	□坚持不懈	□平和	02	□散漫	□无同情心	□不宽恕	□缺乏热情
□善于社交	□意志坚定	□自我牺牲	□顺眼	03	□唠叨	□逆反	□怨恨	□保留
□使人认同	□竞争性	□体贴	□自控性	04	□健忘	□率直	□挑剔	□胆小
□使人振作	□善于应变	□受尊重	□含蓄	05	□好插嘴	□没耐性	□无安全感	□优柔寡断
□生机勃勃	□自立	□敏感	□满足	06	□难预测	□缺同情心	□不受欢迎	□不参与
□推动者	□积极	□计划者	□耐性	07	□即兴	□固执	□难于取悦	□犹豫不决
□无拘无束	□肯定	□有时间性	□羞涩	08	□放任	□自负	□悲观	□平淡
□乐观	□坦率	□井井有条	□迁就	09	□易怒	□好争吵	□孤芳自赏	□无目标
□有趣	□强迫性	□忠诚	□友善	10	□天真	□鲁莽	□消极	□冷漠
□可爱	□勇敢	□注意细节	□外交手腕	11	□喜获认同	□工作狂	□不善交际	□担忧
□令人高兴	□自信	□文化修养	□贯彻始终	12	□喋喋不休	□不圆滑	□过分敏感	□胆怯
□有激励性	□独立	□理想主义	□无攻击性	13	□生活紊乱	□跋扈	□抑郁	□腼腆

续表

优　　点					缺　　点			
S 活泼型	C 力量型	M 完美型	P 和平型		S 活泼型	C 力量型	M 完美型	P 和平型
□感情外露	□果断	□深沉	□尖刻幽默	14	□缺乏毅力	□不容忍	□内向	□无异议
□喜交朋友	□发起者	□音乐性	□调解者	15	□杂乱无章	□喜操纵	□情绪化	□喃喃自语
□多言	□执着	□考虑周到	□容忍	16	□好表现	□顽固	□有戒心	□缓慢
□活力充沛	□领导者	□忠心	□聆听者	17	□大嗓门	□统治欲	□孤僻	□懒惰
□惹人喜爱	□首领	□制图者	□知足	18	□不专注	□易怒	□多疑	□拖延
□受欢迎	□勤劳	□完美主义者	□和气	19	□烦躁	□轻率	□报复型	□勉强
□跳跃型	□无畏	□规范型	□平衡	20	□善变	□狡猾	□好批评	□妥协
优点总分					缺点总分			
优缺点分总分								
活泼型（S）		力量型（C）			完美型（M）		和平型（P）	

各种性格类型的人可以根据性格特点中的优缺点进行自身性格的改进，比如活泼型性格的人应学会聆听、少说一半、关注他人的兴趣、记住别人的名字等；完美型性格的人应多关注积极面、不要花费太多时间做计划、放宽对别人的要求等。

三、良好性格的塑造

米开朗基罗在雕塑大卫像之前，花了很多时间挑选大理石。因为他可以改变石头的外观，但无法改变大理石本身的质地和花纹。雕刻外观就像塑造人的性格，我们每个人都是自己性格的雕塑师。人的性格并非一朝一夕形成的，是多方面因素综合影响的结果。民航服务人员应具备谅解、支持、友谊、团结、诚实、谦虚、热情、耐心等良好的性格特征，还应具备独立能力、适应能力、事业心、责任心、恒心等性格品质。

性格对于民航各岗位服务人员十分重要，如何才能不断地塑造自身良好的性格呢？主要应关注以下几个方面。

1．加强自控能力

性格培养是一个与自己斗争、较劲的、艰苦的、长期的过程，如果不能控制自己，良好性格的培养则无从谈起。如果你是一个容易发怒的人，而你想培养一种豁达、宽容的性格，那么在你要发火的时候，你一定要强行压制怒火，一旦你不能控制，再长的时间也培养不了良好的性格。

2. 科学的方法

性格其实与人的生理（比如血型、基因）、习惯、家庭环境等诸多因素有关，方法不科学，往往适得其反，严重的还会引发心理（比如强迫症）或生理疾病。实际生活中要认识到性格培养不是立竿见影的事情，一定要树立持之以恒的思想；方法上从易到难，先从容易的做起，增强信心，要一步一个脚印，扎实打好基础，切忌反复。

3. 客观的自我认识

民航服务人员要对自身进行深刻的反思，对自己有客观的认识，这样在确定目标和方法时就会有很强的针对性，简单地移花接木式的照搬别人的经验往往很难成功。

4. 创设良好的服务团队，形式健康的集体氛围

一个良好的服务团队，对提高和完善自身性格的自觉性和积极性都有积极的帮助。坚强而富有生气的团队能够产生一种巨大的团队精神，培育出健全的性格。这种力量是任何有经验、有能力的个人无法具备的。

5. 培养健康生活情趣，保持乐观积极的心态

乐观积极的心态是一个人获得工作进步、美好生活的源泉。现实生活中，只有一种心情能让我们感觉一切都是美好的，那就是乐观积极向上的心态。乐观积极的心态、快乐的工作，带给我们的是自信和微笑。同时，自信和微笑带给我们的又是活力十足的个人形象和让人觉得和蔼可亲的交际性格和能力。而这种能力，必然促使在工作方面取得优异的成绩。形象上的完美、健康乐观的心态带来的一定会是个人事业上的成功。

四、如何与不同性格的人沟通

1. 与活泼型的沟通方式

与活泼型性格的人进行沟通时，要专心倾听，真诚赞赏对方，并适当地以幽默的方式进行交谈，要花时间和对方建立关系，让对方产生好感，营造欢乐的气氛。

2. 与力量型的沟通方式

与力量型性格的人进行沟通时，要尊重对方，语言要简明扼要，表现出专业、精干的形象。沟通中能够提供充分的数据和事实资料，多问选择题、少问判断题、不问问答题，可以提出多个备选方案供对方选择。

3. 与和平型的沟通方式

与和平型性格的人进行沟通时,要善于发现双方的共同点,选择共同感兴趣的话题,以轻松、友善、私交的方式进行沟通交谈。

4. 与分析型的沟通方式

与分析型性格的人进行沟通时,要做到严谨、专业,逻辑和调理清晰。与分析型性格的人进行沟通时不要与其发生争执、辩论,因为分析型的人最喜欢与别人争辩,争辩的目的是告诉别人真理。

第三节　民航服务语言表达技巧

语言是人类表达思想、传递信息的工具。对民航服务人员而言,语言是将自己良好的职业素养、专业的职业技能、美好的服务意愿呈现在顾客面前的重要工具。

一、民航服务人员语言表达的基本原则

(1) 谈吐文雅。

(2) 用词简练。

(3) 清楚明确。

(4) 语气亲切、平稳。

(5) 语句流畅、合乎规范。

(6) 语意完整、合乎语法。

(7) 说话方式温婉热情。

(8) 说话时要用尊称。

(9) 注意举止表情。

二、语言表达的艺术

(一) 主动问候

民航服务过程中问候应积极、主动、热情,问候声音清晰、洪亮且柔和;问候时要注意人物、时间及乘机状况从而选择适宜的问候语;对旅客要使用正确的称谓,如先生、女士或职务称谓等。在与旅客单独面对时,需辨明旅客性别及身份证、机票上的姓名,按"姓氏+先生/女士"的标准语言称呼旅客,为其提供服务。

（二）分析听者与选择话题

沟通过程中要知己知彼才能营造良好的沟通氛围，达到有效沟通的目的。

1．分析听者

通过了解听者的需要、听者的类型和听者的个性，从而选择合适的话题。

2．选择话题

了解自己的能力、条件及目标，寻找双方共同点，选择共通性较高的话题，偏重对方关心的事情。

（三）讲究语言艺术

1．态度真诚、平等待人

（1）神情专注。

（2）先人后己。

2．注意场合和对象

（1）注意场合时，需要考虑庄重与否、亲密与否、正式与否、喜庆与否。

（2）注意对象时，需要考虑性别、年龄、文化层次、文化背景。

3．委婉表达

（1）避免使用主观武断的词语。

（2）先肯定后否定。

（3）间接地提醒他人的错误或拒绝他人。

拓展阅读

事情发生在美国经济大萧条时期，有位 17 岁的姑娘好不容易才找了一份在高级珠宝店当售货员的工作。圣诞节的前一天，店里来了一位 30 岁左右的贫民男子，用一种不可琢磨的目光盯着那些高级首饰。这时电话铃声响了。姑娘急忙去接电话。一不小心，碰翻了一个碟子，6 枚精美的金戒指落到地上，她慌忙去捡，但却只有 5 枚，第 6 枚怎么也找不着了。当她看到那个贫民男子正急匆匆地往门口走时，心里顿然醒悟。当那位男子的手即将触及门柄的瞬间，姑娘柔声叫道："对不起，先生！""什么事？"男子问，脸上的肌肉在抽动。"什么事？"他再次问道。"先生，这是我头一回工作，现在找个事儿做很难，是不是？"姑娘神色黯然地说。男子长久地审视着姑娘，终于，一丝柔和的微笑浮现在他的脸上。"是的，的确如此。"他回答，"但是我能肯定，你在这里会干得不错。"停了一下，他向前一步，把手伸给姑娘："我可以为你祝福吗？"姑娘微笑着把手伸了过去。男子握过手，转身走出去。姑娘目送着他的身影消失在门外，手中紧紧握着那第

6枚戒指。

4．赞美的艺术

在人际交往的礼仪中，赞美也是关键，要懂得如何去欣赏别人的优点，并且用最适当的语言表达出来让对方知道。赞美具有极大的魔力，在协调人际关系上，可以将赞美视同生命的阳光和空气。

（四）倾听

1．倾听是一门艺术

（1）倾听可以调动人的积极性。

（2）倾听让人做出正确的决策。

（3）倾听是获得信息的重要方式。

（4）倾听可以给人留下良好印象。

2．倾听的技巧

（1）投入式倾听。倾听过程中专注和集中精力，采用移情式倾听，并保持公正。

（2）鼓励式倾听。倾听过程鼓励对方，注意启发并提问，必要时对内容进行复述与反馈，该沉默时注意保持必要的沉默。

3．倾听的注意点

（1）倾听的态度必须诚恳。

（2）多听少说，避免中途打断对方。

（3）换位思考，开放胸怀，接纳对方意见。

（4）善于表示同情和理解，控制情绪。

（5）提出问题并记录。

三、航空服务中规范的语言表达

（一）语言交流要针对旅客实际

要善于察言观色，区别对待，掌握多种语言表达方式，善于使用礼貌用语和无声语言，避免平淡、乏味、机械。

（二）委婉表述否定性话语

"我理解您这样的感受……" （平息不满）

"我会……" "我马上……" （服务意愿）

"您能……吗？" "您可以……吗？" （提出要求）

"您可以……" （代替说"不"）

（三）服务语言要简练、通俗、亲切

常用的服务用语：

（1）您好，欢迎乘坐本次航班。

（2）您好，欢迎乘机。

（3）我帮您拿行李吧。

（4）我能麻烦您一下吗，小姐？

（5）很抱歉，对不起。

（6）再见，请慢走。

（7）先生，请出示一下您的身份证件。

（8）是，马上就去。

（9）让您久等了。

（10）好的，马上给您拿来。

（11）希望没耽误您的事情。

（12）对不起，我不清楚，我马上查询。

（13）欢迎您提意见，反映情况，这是您的权利。

（14）您别着急，考虑好了再选择。

（四）语言要与表情、动作相一致

招呼旅客时称"您好"，同时伴以微笑、点头或鞠躬等动作，沟通中要注视对方的眼睛，为客人引导时要注意正确的手势。

拓展阅读

沟通过程中的"六不谈"和"五不问"

"六不谈"：不非议政府、国家；不谈国家机密和行业秘密；不谈内部事物；不谈格调不高的话题；不议论同行、领导和同事；不谈私人问题。

私人问题"五不问"：不问收入，不问年龄，不问婚姻家庭，不问健康问题，不问经历。

拓展案例

语言礼仪的重要性

在一个航班上空乘人员为旅客提供正餐服务时，由于机上的正餐有两种热食供旅客选择，但供应到某位旅客时他所要的餐食品种刚好没有了，空乘人员非常热心地到头等舱找了一份餐食送到这位旅客面前，说："真对不起，刚好头等舱多余了一份餐食，我就给您送来了。"

旅客一听，非常不高兴地说："头等舱吃不了的给我吃？我也不吃。"由于语言表述不妥，空乘人员的好心没有得到旅客的感谢，反而惹得旅客不高兴。

如果空乘人员这样说："真对不起，您要的餐食刚好没有了，但请您放心，我会尽量帮助您解决。"这时，再可到头等舱看看是否有多余的餐食能供旅客选用。

拿到餐食后，再送到旅客面前时，可这样说："您看，我将头等舱的餐食提供给您，希望您能喜欢，欢迎您下次再乘坐我们航空公司的飞机，我一定首先请您选择我们的餐食品种，我将非常愿意为您服务。"

从这个案例可以看出，空乘人员在服务乘客时语言礼仪的重要性。同样的话语用不同的语言表达出来，带给人的感觉是完全不同的。乘务人员要加强综合素质的提升，在服务乘客的每一个细节上都能够体现出航空服务的专业态度。

第四节 冲突的处理

一、冲突的概念

冲突是指由于人们彼此之间在观点、需求、欲望、利益或要求等方面的不相容而引起的一种相互对立、相互排斥的状态。美国著名组织行为学家罗宾斯认为：冲突是一个过程，这个过程始于一方感觉到另一方对自己关心的事情产生消极影响或将要产生消极影响。对于冲突的影响因素，国外有较多专家已有阐述，如罗宾斯、乔斯沃德等，他们都认为引起冲突的原因主要有三类：沟通差异、结构差异、人格差异。冷静、耐心是解决冲突的根本方法。

二、冲突的通用处理方法

1. 回避方式

回避方式是指不武断也不合作的行为。个体运用这种方式来远离冲突、忽视争执，或者保持中立。回避方式反映了对紧张和挫折的反感，而且可能包括让冲突自行解决的决定。由于忽视重要的问题会使他人感到灰心，所以总是使用回避方式会导致他人的不利评价。这一方式可以由以下的表述来阐明：如果有规则，我引用规则，如果没有，我让其他人自由做出他的决策；通常不会说出会引起争议的观点；避开那些引起我与朋友们争论的问题。

当尚未解决的冲突影响到目标的实现时，回避方式将导致消极结果。这种方式在某些情况下可能是适当的，包括：

① 当问题很细小或者只有短暂的重要性，所以不值得个体耗费时间和精力去面对冲突。

② 在当时没有足够的信息来有效地处理冲突。

③ 个体的权力对其他人而言太小以至于没有机会形成变革。

④ 其他人可以更有效地解决冲突的时候。

2. 强迫方式

强迫方式指的是武断和不合作的行为。那些运用强迫方式的人努力达到他们自己的目标而不考虑其他人。这一方式包括强制性权力和控制。它将帮助个体获得个人目标，但是就像回避方式一样，强迫方式会导致他人不利的评价。强迫方式可以由以下的描述来阐明：喜欢直截了当；无论是否喜欢，按我说的去做，同样也认为当其他人有了我的经验时，他们将记住这一点并给予更好的评价；努力使其他人确信我的主张的逻辑和好处；在争执中坚持自己的见解；在争论开始后，通常坚持自己对一个问题的解决方案。

强迫倾向的个体认为解决冲突就意味着非赢即输，容易加剧冲突。

3. 迁就方式

迁就方式指的是合作和不武断的行为。迁就代表了一个不自私的行为，一个长期的、被他人所鼓励的合作策略，或者是对其他人愿望的服从。运用迁就方式的个体是典型的被他人给予积极评价的人，但是他们也会被认为是软弱和顺从的。迁就方式的表现可以表述如下：通过暂停我的个人目标以保持与那些我所重视的人的良好关系来使冲突得到最好的控制；如果可以使其他人高兴，我完全赞成；我喜欢通过使争议显得不那么重要来消除它；我通过建议我们的分歧是细小的以及将我的观点与其他人的结合在一起以表示友好来缓和冲突。

当运用迁就方式时，个体会表现得好像冲突将最终消失，同时他也求助于合作。个体将通过安慰和支持来努力降低紧张和压力。这种方式表现出了对冲突的情感方面的关注，但对它的实质问题则没有什么兴趣。迁就方式仅仅导致个体掩饰或掩盖个人的情感。如果它作为主要解决冲突的方式，则基本上是无效的。

为保持暂时的协调和避免冲突激化，以及冲突主要基于个体的人格而且不能轻易消除时，从短期看来迁就方式会比较有效。

4. 合作方式

合作方式对人际冲突的解决而言是双赢的方法，运用合作方式的个体想使共同的结果最大化。通过深入研究，找出对大家都有利的方案。

5. 折中方式

折中方式指的是中等水平的合作和武断性的行为。运用这种方式的个体进行平等交换并做出一系列的让步。折中是一种被广泛使用和普遍接受的解决冲突的方法。首先要知道其他人如何感觉，如果时间适合时，解释自己如何感觉并尽力告诉他们错在哪里。当然，在折中的基础上解决问题是非常有必要的。

与合作方式相比，折中方式没有使双方的满意最大化。折中方式使每个人的获得是中等的，但仅仅是部分的满意。

三、民航常见冲突案例

（一）票务服务

案例 1　网上订票个人信息输入错误，无法修改

旅客在网上订购某航空公司机票，网上操作时，由于对流程不够熟悉，付款后发现姓名中名字的部首出错，立即联系航空公司要求更改，遭到拒绝。航空公司称只能退票后重新购买机票。

案例分析：

旅客在网上订票过程中一般都有请核对订票信息的提示，旅客因姓名输入出错应承担责任。《中国民用航空旅客、行李国内运输规定》第八条第一款规定：客票为记名式，只限客票上所列姓名的旅客本人使用，不得转让和涂改，否则客票无效，票款不退。航空公司称只能退票后重新购买机票是符合规定的。旅客由于对流程不够熟悉，付款后发现姓名中名字的部首出错，可与航空公司协商原客票的退票手续。消费者协会建议，航空公司应在购票网页以醒目的方式提示消费者履行信息核对义务，并制定此类退票的合理处理规定。

案例 2　机票日期英文标注，消费者看不懂日期

旅客在某机票代售点预订了 1 月 16 日从南京飞往乌鲁木齐再飞往阿克苏的航班。由于工作人员失误，乘机日期订成了 12 月 16 日，电子客票行程单显示日期是"16 DEC"。由于旅客不懂英文，未及时发现错误导致错过航班。旅客投诉后，销售人员责怪旅客不懂英文，未认真核对。

案例分析：

《公共航空运输服务质量标准》（GB/T16177－2007）第 6.31 条规定：售票

人员应认真核对旅客的有效身份证和填写的购票单,确认一致后方可填写运输凭证。由投诉叙述可看出,售票处和当事人都负有责任。因此,本案例中的客票可以按相关规定做退票处理。

鉴于目前电子客票行程单内容为英文或代码,不符合国人阅读习惯。消费者协会认为,在中国境内服务的航空公司提供的民航客票等承运凭据,应当加注中文标注。民航局已要求自2011年12月1日起在行程单中增加中文标注,以更好地保护旅客的知情权。

案例3　未告知机票有效期,机票作废引纠纷

方某2012年3月4日在湛江市某机票代售处购买1张湛江至广州机票,由于个人原因误机,且在一年内未改乘其他航班,也未办理退票。2013年3月14日方某向售票处提出退票,工作人员以超过一年有效期为由,不予办理退票、退款。方某认为,航空公司机票代售处在其购票时没有告之机票有效期限,机票上也没有标注说明,航空公司也未向社会公布;经营者以过一年有效期没收其机票款,违反相关法律规定,属霸王条款,侵害了消费者合法权益。

案例分析:

《中国民用航空旅客、行李国内运输规定》第十条规定,客票的有效期为:(一)客票自旅行开始之日起,一年内运输有效。如果客票全部未使用,则从填开客票之日起,一年内运输有效。(二)有效期的计算,从旅行开始或填开客票之日的次日零时起至有效期满之日的次日零时为止。第二十一条规定:由于承运人或旅客原因,旅客不能在客票有效期内完成部分或全部航程,可以在客票有效期内要求退票。方某于2012年3月4日购票,2013年3月14日方某向售票处提出退票,该客票已超过一年有效期,售票处可以不予退票。但根据《消费者权益保护法》第八条规定:消费者享有知悉其购买、使用的商品或者接受服务的真实情况的权利。如果航空公司或售票处未提前告知客票有效期等使用限制条件,应负相应责任,为消费者办理退票手续。

(二)客票超售

案例4　客票超售无提前告知,补偿措施难以得到消费者认可

10月22日,旅客一行七人欲乘某次航班由西安前往上海,在咸阳机场办理登机牌时突然被告知因航空公司客票超售,其中一人不能登机,万般无奈,其中一位消费者只能被迫改乘其他航班。旅客投诉后,该公司表示补偿消费者200元,旅客认为补偿金额过低。

案例分析：

机票超售系国际航空界通行的一种销售方式，近年来逐渐被我国各航空运输企业所运用，其目的是为了减少航班中的座位虚耗，减少不必要的资源浪费，为更多旅客提供便利，同时提高航空收益。近年来，由于超售引发的消费者投诉频频上升，引起民航局的高度重视。民航局于2007年和2011年先后两次下发通知，对规范客票超售工作提出了具体要求：

（1）航空公司办理航班座位超订或超售业务，应当充分考虑航线、航班班次、时间、机型、衔接航班等情况。

（2）航空公司应制定航班座位超订、超售实施办法，实施办法应包含旅客享有权利、优先登机规则和补偿办法等内容。

（3）航空公司应将实施办法在公司网站、售票场所及办理乘机手续柜台等处予以公告。

（4）当出现超售时，航空公司应首先寻找自愿放弃座位的旅客，并与旅客协商给予一定的奖励或补偿。

（5）航空公司制定的优先登机规则不得带有歧视性。当没有足够的旅客自愿放弃座位时，航空公司可以根据优先登机规则拒绝部分旅客登机。

（6）航空公司应为被拒绝登机的旅客提供相应的服务并给予一定的补偿。补偿的数额由航空公司自行制定并以适当方式公布。

本案例中，承运人没有按照民航局的要求寻找自愿放弃座位的旅客，且没有主动给予旅客补偿，其行为是不符合相关规定的。

（三）航班延误

案例5　明知延误不通知，消费者行程无法更改索赔遭拒绝

王先生购买了某航空公司从无锡到北京的机票，到达登机口后才被告知由于天气原因导致航班延误，当时飞机还没有从北京起飞，何时起飞无法确定，不愿意等的可以退票。王先生随即取出行李，立即打的到无锡火车站，无奈当日去北京的动车车票已经售完，只能改为第二天行程。王先生投诉认为机场明知飞机不能按时起飞，仍然照常办理安检等手续，让消费者蒙在鼓里，失去了第一时间更换交通工具的时机，侵害了消费者的知情权。

案例分析：

《中国民用航空旅客、行李国内运输规则》第六十条规定：航班延误或取消时，承运人应迅速及时将航班延误或取消等信息通知旅客，做好解释工作。由于天气原

因导致航班延误，航班何时起飞无法确定，但当时飞机还没有从北京起飞，旅客到达登机口后才告知航班延误，不符合《中国民用航空旅客、行李国内运输规则》第六十条承运人应迅速及时将航班延误等信息通知旅客的规定。航空公司、机场应通过电话、短信以及候机楼航班信息显示系统等方式及时发布航班延误信息。

案例 6　航班长时间延误无服务，引发群体投诉

7月18日，因航班延误，大量旅客滞留咸阳机场，长时间得不到妥善安排，旅客纷纷打电话投诉。经调查，该航班晚点近8个小时，航空公司对此未及时与旅客沟通，也没有及时安排旅客入住酒店休息，引起旅客不满和情绪激动。经调解，由航空公司赔偿每位旅客人民币200元，并及时安排其他航班将旅客送达目的地。

案例分析：

《中国民用航空旅客、行李国内运输规则》第六十条规定：航班延误或取消时，承运人应迅速及时将航班延误或取消等信息通知旅客，做好解释工作。该航班晚点近8个小时，航空公司对此未及时与消费者沟通，不符合《中国民用航空旅客、行李国内运输规则》规定。《中国民用航空旅客、行李国内运输规则》第五十七条规定：由于机务维护、航班调配、商务、机组等原因，造成航班在始发地延误或取消，承运人应当向旅客提供餐食或住宿等服务。第五十八条规定：由于天气、突发事件、空中交通管制、安检以及旅客等非承运人原因，造成航班在始发地延误或取消，承运人应协助旅客安排餐食和住宿，费用可由旅客自理。航空公司应根据航班延误的原因做好旅客的餐食和住宿等服务工作。《中国民用航空旅客、行李国内运输规则》第十九条规定：航班取消、提前、延误、航程改变或不能提供原定座位时，承运人应优先安排旅客乘坐后续航班或签转其他承运人的航班。航空公司应优先安排旅客乘坐后续航班或签转其他承运人的航班。

案例 7　航班延误服务无衔接，致后续航班再延误

姚先生购买了一张2月20日 13：40从兰州起飞 18：10到达深圳的机票，以及一张21：40从深圳飞往吉隆坡的特价机票。2月20日姚先生通过机场安检后准备登机，此时工作人员通知飞机晚点，大约 16：10 左右起飞。姚先生第一时间找到机场值班工作人员，讲明了自己要搭乘 21：40 从深圳飞往吉隆坡的航班，担心因前一航班晚点而影响后面无法登机。工作人员答应帮助协调开通绿色通道，让其放心并开具了机场晚点证明，并承诺有专人接送安排登机。飞机于 20：20 降落在深圳机场后，没有专人接送也没有开通绿色通道，导致姚先生后段航班未能成行。由于特价机票不能改签，姚先生只得重新买了一张机票。事后，姚先生对工作人员玩忽职守、服务承诺不落实、管理混乱等行为进行投诉。

案例分析：

国内航班中转国际航班一般需要在中转机场预留3个小时的时间，国际航班一般在起飞前1小时截止办理乘机登机手续。本案例中旅客乘坐的飞机于20：20降落在深圳机场，正常情况下很难搭乘21：40从深圳飞往吉隆坡的航班。航班延误时工作人员答应帮助协调开通绿色通道，并承诺有专人接送安排登机，则应该履行承诺协助旅客转乘国际航班。

案例8　航班延误超过4小时，只提供餐食拒绝补偿

魏女士于3月10日乘坐某航空公司航班从上海飞往潍坊，由于该公司飞机出现机械故障，延误长达4个多小时。旅客要求按照《民航总局对国内航空公司因自身原因造成航班延误给予旅客经济补偿的指导意见》(以下简称《指导意见》)给予适当补偿，但被该公司拒绝。理由是：民航局的指导意见没有强制约束力，航空公司可以酌情处理，并且当日航空公司也为该航班延误采取了补救措施，为魏女士积极提供了食宿服务等，故拒绝补偿。

案例分析：

本案例涉及了目前民航运输服务中较为普遍的航班延误，旅客要求补偿的问题。

民航局在2004年7月出台了《关于国内航空公司因自身原因造成航班延误给予旅客经济补偿的指导意见》，主要内容为因航空公司自身原因造成长时间航班延误时，航空公司要考虑给予旅客经济补偿。根据此指导意见，航空公司可自行制定具体补偿标准。航空公司制定并公布航班延误补偿标准可以督促其提高航班正常率，减少长时间延误，妥善处理航班延误，有利于维护消费者合法权益。民航局支持、鼓励航空公司制定并公布补偿标准。目前，已有少数航空公司公布了自己的补偿标准。该《指导意见》不是规章或标准，是指导性文件，不具有强制力，航空公司可根据自己的实际情况实施。消费者协会认为，尽管该《指导意见》为指导性文件，不具有强制力，但有利于明确赔偿标准、有利于妥善解决航班延误纠纷，航空公司应当积极主动执行。

案例9　外航航班延误无后续服务，拒绝受理中文投诉

消费者乘坐国外某航空公司2月13日斯里兰卡至上海的航班，再转机回福州，因延误无人安排转机服务，事后投诉，该航空公司办事处却不接受中文材料投诉。

案例分析：

本案例涉及外国在华航空公司的服务质量监督问题。

旅客提供航空公司要求的非中文材料对投诉处理是方便的，但对旅客来说是不方便的，甚至是困难的。《中华人民共和国国家通用语言文字法》第十三条规定：公共服务行业以规范汉字为基本的服务用字。因公共服务需要，招牌、广告、告示、标志牌等使用外国文字并同时使用中文的，应当使用规范汉字。该航空公司办事处作为航空公司在中国的派出机构，应按我国法律规定受理、处理旅客的中文投诉。

（四）行李损毁

案例 10　行李赔偿标准低，消费者损失难得偿

旅客乘坐 2 月 26 日某航空公司海南至上海的航班，托运行李遗失，消费者旅行用品及购买旅游纪念品价值 8000 元，但是航空公司只同意按照每公斤 100 元的标准，补偿旅客 1700 元。

案例分析：

根据《民用航空法》第一百二十五条规定：因发生在航空运输期间的事件，造成旅客的托运行李毁灭、遗失或者损坏的，承运人应当承担责任。同时承运人应按照《国内航空运输承运人赔偿责任限额规定》中第三条第三款，"对旅客托运的行李和对运输的货物的赔偿责任限额，为每公斤人民币 100 元"的规定，向旅客做出赔偿。该案例中，旅客所托运的行李为 17 公斤，托运时未向承运人申请声明价值的赔偿，因此承运人按照托运行李共赔偿 1700 元，符合规定。

消费者协会提示航空消费者，在托运行李时尽量避免将贵重物品交付托运。同时，随着人民生活水平的不断提高，行李的价值越来越大，现行行李赔偿责任限额已不能满足旅客的需求，呼吁提高托运行李赔偿责任限额。对此，民航局正在进行调研。

案例 11　行李遗失索赔时间长

杨先生由云南丽江飞往广州，到达白云机场后未找到估值 5000 元的托运行李，遂向工作人员提出意见，机场工作人员开具行李运输事故单，让杨先生回家等消息。杨先生有事要离开广州，希望在此前处理完毕，但工作人员表示，行李遗失要等 21 天。

案例分析：

本案例中，杨先生在目的地未能提取到托运的行李，随即向承运人提出异议，承运人依照《中国民用航空旅客、行李国内运输规则》第五十条规定为旅客填写单据。其规定为：行李运输发生延误、丢失或损坏，该航班经停地或目的地的承运人或其代理人应会同旅客填写《行李运输事故记录》，尽快查明情况和原因，并将调查结果答复旅客和有关单位。如发生行李赔偿，在经停地或目的地办理。因承运人原因使旅客的托运行李未能与旅客同机到达，造成旅客旅途生活的不便，在经停地或目的地应给予旅客适当的临时生活用品补偿费。另根据中华人民共和国国家标准 GB/T16177－2007《公共航空运输服务质量》7.8.4.3 中规定：承运人收到国内航线旅客的行李赔偿要求后，应于 3 日内查明情况和原因，7 日内决定是否赔偿。收到国际航班旅客的行李赔偿要求后，应立即查找，21 日后仍查找不到时，手续完备，可按规定赔偿。针对本案例中杨先生乘坐的是国内航班，承运人应在 7 日内答复旅客赔偿的基本方案。

该工作人员的说法不正确。

实操实训篇

- 第六章　微笑与服务意识
- 第七章　职业形象塑造
- 第八章　民航服务人员的气质培养
- 第九章　情景模拟训练
- 第十章　沟通技巧训练

第六章
微笑与服务意识

微笑是世界上最美的行为语言，虽然无声，但最能打动人；微笑也是人际关系的"润滑剂"，能很好地拉近人与人之间的心理距离。在服务工作中微笑是拨动顾客心弦的最美好的语言，对服务行业来说，微笑服务意识是企业的生命线。

第一节 微笑训练

1. 对镜微笑训练法

这是一种常见、有效和最具形象趣味的训练方法。端坐镜前，衣装整洁，以轻松愉快的心情，调整呼吸自然顺畅，静心3秒钟，开始微笑；双唇轻闭，使嘴角微微翘起，面部肌肉舒展开来，同时注意眼神的配合，使之达到眉目舒展的微笑面容，如图6.1所示。如此反复多次。自我对镜微笑训练时间长短由自己控制调节，为了保持愉悦的心情可在训练时播放欢快抒情的音乐。

图6.1 对镜微笑训练法

2. 情绪诱导法

情绪诱导就是设法寻求外界事物的诱导、刺激，以求引起情绪的愉悦和兴奋，从而唤起微笑的方法。诸如，打开你喜欢的书页，翻看使你高兴的照片、画册，回想过去幸福生活的片断，放送你喜欢的、容易使自己快乐的乐曲等，以期在欣赏和回忆中引发快乐和微笑。有条件的，最好用摄像机摄录下来。

3. 记忆提取法

这是演员在训练中常采用的一种方法，也被称为"情绪记忆法"，就是将自己过去那些最愉快、最令人喜悦的情景，从记忆中唤醒，使这种情绪重新袭上心头，重温惬意的微笑。

4. 观摩欣赏法

这是几个人凑在一起，互相观摩、议论，互相交流，互相鼓励，互相分享开心微笑的一种方法。也可以平时留心观察他人的微笑，把精彩的"镜头"封存于记忆中，时时模仿。

5. 含箸法

这是日式训练法。如图 6.2 所示，用上下两颗门牙轻轻咬住筷子，看看自己的嘴角是否已经高于筷子；嘴角最大限度地上扬，也可以用双手手指按住嘴角向上推，上扬到最大限度；保持上一步的状态，拿下筷子，这时的嘴角就是你微笑的基本脸型。这种训练方法能纠正有些人微笑时嘴角不对称的缺点。

图 6.2　含箸法

6. 意念法

这是一种已经有了微笑训练基础或者善于微笑的人，不用使用镜子或其他道具，而只用意念控制、驱动双唇，以求达到最佳微笑状态的训练法。这种方法好处很多：一是不必用镜子；二是可以随时随地、悄无声息地进行；三是培养微笑意识和微笑习惯的最佳途径。

第二节 团 队 合 作

1994年，斯蒂芬·P·罗宾斯[①]首次提出了"团队"的概念。团队是指为了实现某一目标而由相互协作的个体所组成的正式群体。团队合作指的是一群有能力、有信念的人在特定的团队中，为了一个共同的目标相互支持、合作奋斗的过程。它可以调动团队成员的所有资源和才智，并且会自动地驱除所有不和谐和不公正现象，同时会给予那些诚心、大公无私的奉献者适当的回报。如果团队合作是出于自觉自愿的，它必将产生一股强大而且持久的力量。

一、团队建设

（一）团队建设的意义

1. 团队具有目标导向功能

团队精神的培养，使员工齐心协力，拧成一股绳，朝着一个目标努力。

2. 团队具有凝聚功能

任何组织群体都需要一种凝聚力。团队精神则通过对群体意识的培养，通过员工在长期的实践中形成的习惯、信仰、动机、兴趣等文化心理，来沟通人们的思想，引导人们产生共同的使命感、归属感和认同感，反过来逐渐强化团队精神，产生一种强大的凝聚力。

3. 团队具有激励功能

团队精神要靠员工自觉地要求进步，力争向团队中最优秀的员工看齐。而且这种激励不是单纯停留在物质的基础上，还能得到团队的认可，获得团队中其他员工的尊敬。

---

① 斯蒂芬·P·罗宾斯（Stephen. P. Robbins）是美国著名的管理学教授，组织行为学的权威。

4. 团队具有控制功能

员工的个体行为需要控制，群体行为也需要协调。团队精神所产生的控制功能，是通过团队内部所形成的一种观念的力量、氛围的影响，去约束、规范、控制员工的个体行为。这种控制不是自上而下的硬性强制力量，而是由硬性控制转向软性内化控制；由控制员工行为转向控制员工的意识；由控制员工的短期行为转向对其价值观和长期目标的控制。因此，这种控制更为持久和有意义，而且容易深入人心。

（二）团队建设的方法

团队建设需做到五个统一：统一的目标、统一的思想、统一的规则、统一的行动、统一的声音。

1. 统一的目标

目标是团队的前提，没有目标就称不上团队，因为先有了目标才会有团队。有了团队目标只是团队目标管理的第一步，更重要的是第二步——统一团队的目标，就是要让团队的每个成员都认同团队的目标，并为达成目标而努力地工作。

2. 统一的思想

如果团队的思想不统一，每个成员各持己见，就像人在做思想斗争时会降低行动效率一样，团队思想不统一也会降低效率。

3. 统一的规则

一个团队必须有它的规则，规则是告诉团队成员该做什么，不该做什么。不能做什么是团队行事的底线，如果没有设定底线，大家就会不断地突破底线，一个不断突破行为底线的组织是不能称其为团队的。

4. 统一的行动

一个团队在行动的时候要相互沟通与协调，让行动统一有序，使整个流程合理地衔接，每个细节都能环环紧扣。

5. 统一的声音

团队在做出决策后声音一定要相同，不能当面一套，背后一套。如果一个团队的噪音太多会大大地降低团队的效率。在团队内部有观念的冲突是合理的，但在决定面前大家只能有一种声音。

二、团队合作意识培养

一个优秀的员工总是具有强烈的团队合作意识，具体表现在：团队成员间相互依存，同舟共济，互敬互重，礼貌谦逊；彼此宽容，尊重个性的差异；彼此间是一种信任的关系，待人真诚，遵守承诺；相互帮助，互相关怀，大家共同提高；利益和成就共享，责任共担。

信任是合作的基础和前提，它能够提高团队合作能力，让大家把焦点集中在工作上而不是其他议题上。一个企业中如果员工之间缺乏信任，这时人们的注意力已经不可能放在目标上，而会转移到做人方面：怎样平息个人间的矛盾，怎样做完这个事以后不会得罪其他人，防卫心理增加，导致小团队利益和个人利益代替了团队利益。

互信能够促进沟通和协调，缺乏信任、绩效平平的团队其成员在描述问题的时候言词比较混乱、难以理解，而且表现出很强的防卫心理，也不会很明确地指出存在的问题。互信能够提升合作的品质，要创造合作气氛必须遵守两项规则：坦诚地分享信息，包括负面信息；鼓励团队成员冒险，允许犯错误，要对错误进行总结。互信能产生相互支持的功能，相互支持是很多团队成功的关键，这种情形下团队成员会激发出一种平时没有的能量，面对各种障碍的时候也能跨越障碍。

三、团队合作游戏拓展

（一）信任背摔

1. 游戏简介

这是一个广为人知的经典拓展项目，每个队员都要笔直地从 1.6 米的平台上向后倒下，而其他队员则伸出双手保护他。每个人都希望可以和他人相互信任，否则就会缺乏安全感。要获得他人的信任，就要先做个值得他人信任的人。对别人猜疑的人，是难以获得别人的信任的。这个游戏能让队员在活动中建立及加强对伙伴的信任感及责任感。

2. 游戏人数

12～16 人。

3. 场地要求

高台最宜。

4. 需要器材

束手绳。

5. 游戏时间

30 分钟左右。

6. 活动目标

培养团体间的高度信任；提高队员的人际沟通能力；引导队员换位思考，让他们认识到责任与信任是相互的。

（二）盲人方阵

1. 项目类型

团队协作型。

2. 道具要求

长绳一根。

3. 场地要求

空旷的大场地。

4. 详细游戏规则

让所有队员蒙上眼睛，在 40 分钟内，将一根绳子拉成一个最大的正方形，并且所有队员都要均分在四条边上。这个项目教会所有队员如何在信息不充分的条件下寻找出路，大家耗用时间最长、最混乱、所有人最焦虑的时候是在领导人选出、方案确定之前。当领导人产生、有序的组织开始运转的时候，大家虽然未有胜算，但心底已坦然了许多。而行动方案得到大家的认同并推进，使队员们在同心协力中初尝着胜利的喜悦。

5. 活动目的

这个任务体现的是团队队员之间的配合和信任，一个有领导、有配合、有能动性的队伍才能称之为团队，本游戏主要为锻炼大家的团队合作能力。

（三）十人九足

1. 项目类型

团队协作型。

2. 场地要求

一片空旷的大场地。

3. 需要道具

每组一条长约 5 米的绳子。

4. 详细游戏规则

每队十人，五男五女交叉排成一横排，相邻的人把腿系在一起，一起跑向终点，用时最短的队伍胜出。抽签决定比赛次序。

5. 活动目的

"十人九足"项目体现的是团队队员之间的配合和信任，主要为锻炼团队队员的团队合作能力及协调能力。

第三节　服务意识的培养

一、如何树立服务意识

意识是人的头脑对于客观物质世界的反映，是感觉、思维等各种心理过程的总和，是事物在即将发生之前，人的思维对事物发展规律的外在能力表现。而服务意识是指发自服务人员内心，自觉主动做好服务工作的一种观念和愿望，是服务人员最重要的一种意识。在具体服务中，服务意识可体现一个员工、一个部门乃至企业全体员工的专业素质与服务理念。那么，如何才能树立服务意识呢？

（1）要树立正确的服务观念，清醒地认识服务工作的意义。

（2）热爱本职工作，对企业具有归属感和责任心，有做好工作的主观愿望和创新精神。

（3）尊重理解客户，热情礼貌待客，想客户之所想，急客户之所急。

（4）不断"充电"，学习、掌握服务知识，提高业务技能。

（5）善于思考、善于观察，准确读懂客户一言一行中所表达的含义且做出回应。

二、民航服务人员服务意识测试

服务意识测试问卷

该问卷总分80分，由非常同意到强烈反对依次是1~5分，如果您的分值在50分以上，恭喜您已经基本具备良好的服务意识和服务技巧。

请根据下面的提问选择您的答案：非常同意1分，有些同意2分，不知道3分，反对4分，强烈反对5分。

（1）我个人的工作技巧比让客人满意更重要。

（2）大伙儿都认为我脾气很好。

（3）有些客人确实刁蛮、非常讨厌。

（4）很多时候，我必须让别人知道——我是对的。

（5）办事就是应该按部就班。

（6）客人是"舞台的中心人物"。

（7）在公司里，老是有人让我生气。

（8）心情高兴时，我的态度也会很好。

（9）如果受到无理指责，我的态度无法好起来。

（10）让那些刁蛮的客人哑口无言是一件快乐的事情。

（11）我的工作应该引人注目。

（12）客人都认为我是一个乐于帮助别人的人。

（13）我喜欢工作中的新变化。

（14）在见到每一个人时，我都会面带微笑。

（15）客人不可能永远是对的。

（16）我没办法强迫自己去讨好别人。

第七章

职业形象塑造

第一节 领带及丝巾的多种系法

一、领带的十种打法

1. 平结

平结是男士们选用最多的领带打法之一，几乎适用于各种材质的领带，完成后领带结呈斜三角形，适合窄领衬衫。

要诀：打结时宽边在左手边，也可换右手打结，尽量让领带两边均匀且对称，如图7.1所示。

图7.1 平结的操作步骤

2. 双环结

一条质地细致的领带再搭配上双环结颇能营造时尚感，适合年轻的上班族选用。

要诀：该领带打法完成后的特点就是第一圈会稍露出于第二圈之外，千万别刻意给盖住了，如图7.2所示。

图 7.2　双环结的操作步骤

3. 交叉结

对于喜欢展现流行感的男士不妨使用"交叉结"。交叉结的特点在于打出的结有一道分割线，适用于颜色素雅且质地较薄的领带，感觉非常时髦。

要诀：注意按步骤打完后领带是背面朝前的，如图 7.3 所示。

图 7.3　交叉结的操作步骤

4. 双交叉结

双交叉结很容易体现男士高雅且庄重的气质，适合正式活动场合选用。该领带打法应多运用在素色且丝质领带上，若搭配大翻领的衬衫可展现出尊贵感。

要诀：宽边从第一圈与第二圈之间穿出，完成的集结充实饱满，如图 7.4 所示。

图 7.4　双交叉结的操作步骤

5. 温莎结

温莎结是因温莎公爵[①]而得名的领带结，是最正统的领带打法。打出的结成正三角形，饱满有力，适合搭配宽领衬衫。该领带结应多往横向发展。采用该种结时应避免选用材质过厚的领带，而且结也勿打得过大。

---

① 爱德华八世（Edward VIII, 1894 年 6 月 23 日—1972 年 5 月 28 日），英国国王，全名爱德华·阿尔伯特·克里斯蒂安·乔治·安德鲁·帕特里克·大卫（Edward Albert Christian George Andrew Patrick David），即后来的温莎公爵。

要诀：宽边先预留较长的空间，绕带时的松、紧会影响领带结的大小，如图 7.5 所示。

图 7.5　温莎结的操作步骤

6．亚伯特王子结

亚伯特王子结适用于浪漫扣领及尖领系列衬衫，搭配浪漫质料柔软的细款领带。打结完成后，两边略微翘起，如图 7.6 所示。

图 7.6　亚伯特王子结的操作步骤

7．简式结

简式结又称马车夫结，适用于质地较厚的领带，最适合打在标准式及扣式领口衬衫上。这种形式的领带结简单易操作，非常适合在商务旅行时使用。其特点在于先将宽端以 180°由上往下扭转，并将折叠处隐藏于后方完成打结，如图 7.7 所示。这种领带结非常紧，流行于 18 世纪末的英国马车夫中。待完成后可再调整领带长度，在外出整装时方便快捷。

要诀：常见的简式结在所有领带的打法中最为简单，尤其适合厚面料的领带，不会造成领带结过于臃肿累赘。

图 7.7　简式结（马车夫结）的操作步骤

8．浪漫结

浪漫结是一种完美的结型，故适合用于各种浪漫系列的领口及衬衫。浪漫结能够靠褶皱的调整自由放大或缩小，而剩余部分的长度也能根据实际需要任意掌控。该结型的领带结形状匀称、领带线条顺直优美，容易给人留下整洁严谨的良好印象。

要诀：领带结下方的宽边压以褶皱可缩小其结形，窄边也可将它往左右移动使其小部分出现于宽边领带旁，如图7.8所示。

图7.8 浪漫结的操作步骤

9. 半温莎结

半温莎结又称十字结，最适合搭配浪漫的尖领及标准式领口系列衬衫。半温莎结是一个形状对称的领带结，看似很多步骤，做起来却不难，系好后的领结通常位置很正，如图7.9所示。

要诀：使用细款领带较容易上手，适合不经常打领带的人。

图7.9 半温莎结的操作步骤

10. 四手结

四手结是所有领带结中最容易上手的，适用于各种款式的浪漫系列衬衫及领带。通过四个步骤就能完成打结（见图7.10），故名为"四手结"。它是最便捷的领带系法，适合宽度较窄的领带，搭配窄领衬衫，风格休闲，适用于普通场合。

要诀：类同平结。

图7.10 四手结的操作步骤

二、丝巾的系法

1. 花朵型

（1）将丝巾正面朝下平铺，对角相折，如图7.11所示。

图 7.11　丝巾花朵型系法步骤 1

（2）提起一角折成来回 8 厘米的 3 折，再把丝巾翻过来以同样的方法相折，如图 7.12 所示。

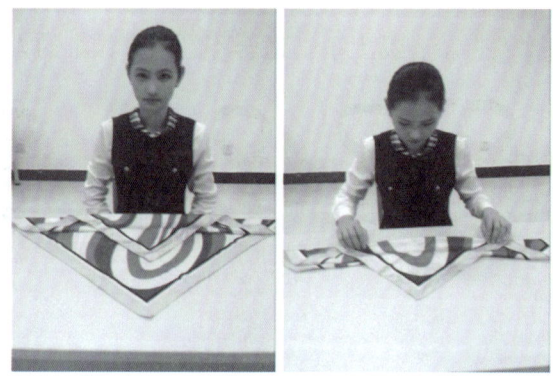

图 7.12　丝巾花朵型系法步骤 2

（3）从中间处拿起丝巾对折，折成宽度约为 4 厘米的 5 折，折好后用皮筋绑住花色较暗的一边，如图 7.13 所示。

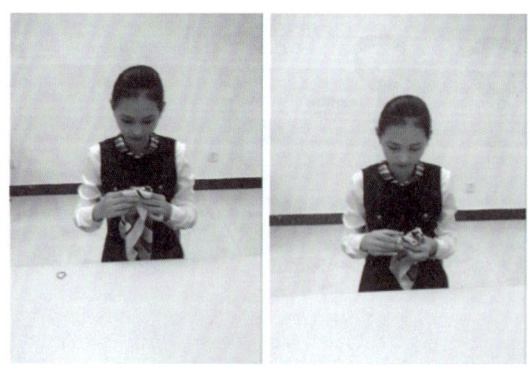

图 7.13　丝巾花朵型系法步骤 3

(4)将丝巾的花瓣慢慢打开,直接紧贴脖子佩戴,将皮筋藏好,如图 7.14 所示。

图 7.14　丝巾花朵型系法步骤 4

2. 百折花

(1)丝巾正面朝下平铺,对折成长方形,如图 7.15 所示。

图 7.15　丝巾百折花系法步骤 1

(2)将长边来回对折成大约 5 厘米的条状,开口边朝内并朝下,如图 7.16 所示。

图 7.16　丝巾百折花系法步骤 2

（3）直接佩戴于脖颈，皮筋绑绕固定，将百折部分展开，可适当将身体右侧折花压住左侧，使百折花成为一体，如图7.17所示。

图7.17　丝巾百折花系法步骤3

3．侧牛仔结

（1）丝巾正面朝下平铺，对角相折，丝巾正面可略微覆盖下层，如图7.18所示。

图7.18　丝巾侧牛仔结系法步骤1

（2）底边向上折起宽度约为5厘米，正反折两次，如图7.19所示。

图7.19　丝巾侧牛仔结系法步骤2

（3）拇指按住两边提起丝巾，佩戴时先将丝巾三角在左前胸固定，三角正好覆盖在金扣下第一个暗扣，在脖颈后打结处暂时用手捏住，转到前面系成平结，最后再转回去整理好即可，如图 7.20 所示。

图 7.20　丝巾侧牛仔结系法步骤 3

三、实操练习领带及丝巾的系法

实训要求：

（1）学生需要分组练习，每组每人自带丝巾、领带，按照老师的示范进行领带、丝巾系法练习；

（2）各组至少选择两种系法，完成后上台展示，并由老师进行点评；

（3）男生、女生都需完成领带和丝巾系法的两项训练。

第二节　盘发实操

一、工具准备

准备好盘发需要的物品，如梳子、橡皮筋、一字夹、U 形夹、隐形发网、啫喱水（见图 7.21）、发胶等。

图 7.21　啫喱水

二、盘发步骤

（1）将头发理顺、倒梳（倒梳是为了打造空气感），如图 7.22 所示。

图 7.22　盘发步骤 1

（2）扎个马尾，马尾的高度与耳朵的延长线平行，如图 7.23 所示。

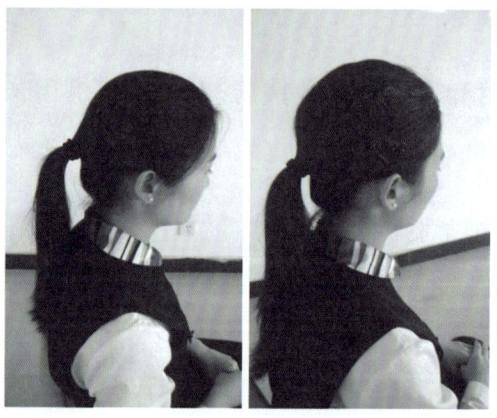

图 7.23　盘发步骤 2

（3）用梳子对头顶的头发进行调整，打造出蓬松的空气感，然后喷啫喱水、抹发胶固定碎发。

（4）用隐形发网套住头发并用一字夹固定。

（5）将被隐形发网套住的马尾轻轻旋转，手掌要进行配合，隐形发网尾梢藏在发髻中，发髻呈圆弧状并且紧贴头部。

（6）用 4 个 U 形夹分别固定 4 个方向（U 形夹垂直插入，在橡皮筋方向深入夹住头发），如图 7.24 所示。

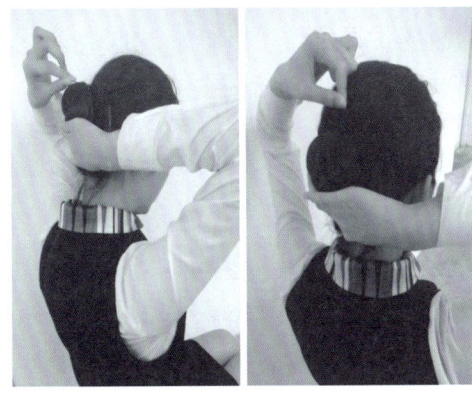

图 7.24　盘发步骤 6

（7）再次整理头发，做最后的改善，如图 7.25 所示。

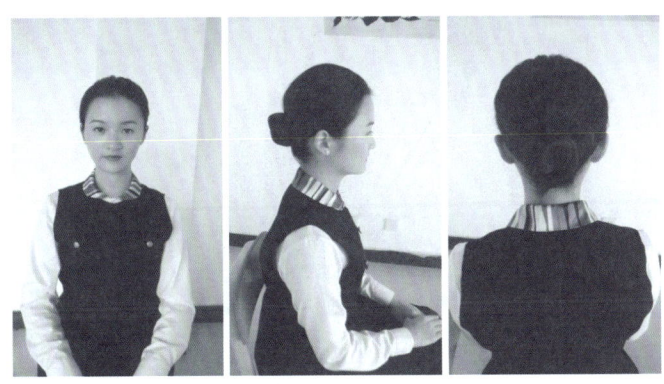

图 7.25　盘发步骤 7

三、盘发实操

实训要求：

（1）学生需要分组练习，2 人一组进行练习，按照指导教师的示范进行盘发练习；

（2）学生不仅要学会给自己盘发，也要学会给他人盘发，盘好后互评。

第三节　职业妆容塑造

职业妆容适用于职业女性的工作特点或与工作相关的社交环境。职业女性给人庄重、亲和、干练的印象，因此职业妆容应突出亲和、自然、端庄的特点。在民航服务工作中合适的妆容,不仅体现出对旅客的尊重,更能赢得别人的好感,甚至可以帮助服务人员获得"专业""能干"的认可。

一、化妆准备

(1)化妆工具准备:棉签、化妆棉、修眉刀、修眉剪、拔眉镊、化妆套刷(眉刷、粉刷、眼影刷、眼线刷、唇刷、腮红刷)(见图7.26)、睫毛夹、假睫毛、双眼皮贴。

图7.26 化妆套刷

(2)化妆品准备:粉底液、隔离霜、BB霜、粉饼、散粉、遮瑕膏、眉笔(眉粉)、眼影、眼线笔、腮红、口红、睫毛膏。

(3)护肤:化妆前先要进行整肤,补充肌肤营养,让皮肤充分滋润。基本护肤程序:爽肤水→眼霜→乳液(面霜)→防晒(隔离霜)。

二、化妆步骤

职业妆容受环境的制约,应给人一种自然、知性、庄重的感觉,不妨保持本色,淡妆出场。而长期在空调房里,照明采用的也是冷调的光源,因此,底妆要选择有保湿效果的粉底,色彩也要选择适合冷光的暖色调,健康肤色和小麦色是较好体现生机的粉底色,偏白的象牙色、贵族白最好作为提亮色使用。

1. 底妆塑造

(1)粉底的选择。针对不同肤质应选择不同的粉底,各取所需。干性皮肤适合选用油性粉底,由于这类粉底较浓,可用化妆棉来涂抹,使用时,可先用水打湿化妆棉，再蘸取粉底进行涂抹。这样，可以使粉底在脸上薄薄地分散开来。

如果皮肤属于中、干性，适合选用水性粉底。这类粉底易于在脸部皮肤涂抹均匀，有较好的透明感和轻爽感。

（2）塑造立体底妆效果（见图7.27）。

图7.27　立体底妆效果

打底是最基本、最重要的环节，它直接影响你给人的第一印象。除了要练习将粉底打得透明匀称，还要掌握一些原则技巧。

原则一：利用粉底的厚薄感来塑造脸部立体效果。

方法：打上一层轻薄自然的粉底后，使用同一色系的粉底在两颊凹的部位再上一层粉底。制造T字部位粉底轻薄、两颊部位粉底较厚的立体感。

原则二：利用粉底的明暗色差来制作立体轮廓。

方法：选择两款色泽粉底上妆，浅色粉底打在T字较亮部位，深色粉底打在两颊较暗部位。为避免两种粉底在脸蛋上造成色差，可利用首选粉底液加上浅色的粉底调和后，打在T字部位。

（3）底妆步骤。

① 遮瑕，取适量液状遮瑕膏点在眼袋、黑眼圈或色斑痘印上，以中指指腹轻轻地推匀，盖掉瑕疵。

② 用化妆棉沾取适量粉底液，从大面积双颊部位开始由内向外推匀打底。

③ 在额头部位，往两侧头发方向推匀打底。

④ 下巴、嘴角处，可将化妆棉对折进行涂抹。

⑤ 鼻角、眼角细微部位，可使用有角度的化妆棉上妆。

⑥ 整个底妆完成后，用比肤色深一点的粉底，在颧骨下打暗，或者在颧骨下再打一层同色粉底，产生层次感。

⑦ 用粉扑蘸取蜜粉后，先在手心上拍掉多余粉末。

⑧ 在眼角、眼皮等细微处先做修饰。

⑨ 在整个脸颊上，大面积轻拍蜜粉。

⑩ 用余粉刷子扫去多余粉末，眉毛处多余粉末用干净眉刷除去。

2. 眼妆

（1）眼影。眼影颜色的选用需要搭配不同服装款式和颜色。职业妆，不宜选用夸张的颜色，大地色（见图 7.28）很适合亚洲人的皮肤，是最不易出错的颜色，也是可以随意搭配服饰的"百搭"色。画眼影时，先用最浅的颜色（米白色）打底，然后将眼影由深至浅向眼睛上方涂染，分层次打出眼部的立体感，最后用米白色提亮眉骨和眼头，如图 7.29 所示。

图 7.28　大地色眼影

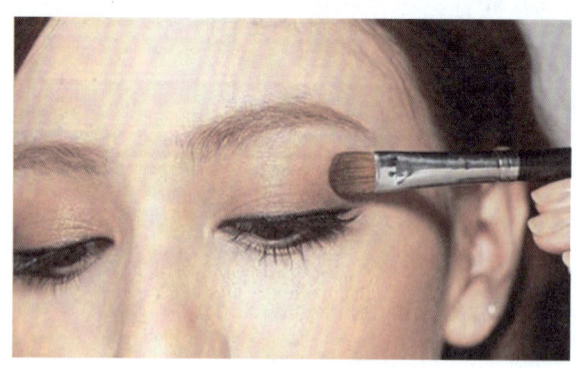

图 7.29　眼影效果

（2）眼线。眼线可以提亮眼神，使眼睛看起来大而有神，还可以强调妆容的职业感。初学者，可选择黑色眼线笔或眼线膏来画眼线。向眼梢方向描画眼线时，首先画到比自己期望的长度略短一些的位置，然后轻轻向上勾画，这样能塑造出干练利落的形象。单眼皮一般眼睛细小，不宜上下眼线都画，以免让眼睛看起来更小，可以只从下眼睑尾往前画，画至眼睛长度的 1/3 或 1/2 处即可，如图 7.30 所示。

图 7.30　眼线的画法

（3）睫毛。为体现职场庄重保守的风格，睫毛膏的颜色不宜夸张，应以黑色为主，涂抹的时候应注意根根分明，避免"苍蝇腿"。首先，用睫毛夹将上睫毛夹卷翘，要选择适合自己的睫毛夹，这样才能够夹得够有型。然后，用旋转的方法把睫毛刷从瓶子里转出来，横着与睫毛垂直，顺着睫毛方向向外刷。刷睫毛时要尽量将手放轻一点，根据自己想要的效果反复刷几遍。最后，要用睫毛梳梳理睫毛，就可以让睫毛根根分明了。

3. 眉毛

眉毛的修饰应体现自然与协调，在保持个人特色的同时，有一定眉峰的眉形显得能干而精明。如果眉毛比较杂乱或眉梢向下，可用拔眉镊拔除杂毛，再用小剪刀修剪出比较清晰的眉形，会使脸形瞬间焕发清朗的神采。画眉时，用眉刷蘸取眉粉按照修好的眉形淡淡描画，眉头部位要轻轻带过。完成之后，可以在眉骨下方敷上一些白色亮粉，能突出眉骨，整个脸也显得立体起来，如图 7.31 所示。

图 7.31　眉毛的修饰

4. 腮红

办公妆的颜色应以暖调为主,职业妆腮红不可强过唇彩,重点在于利用柔和的色彩使整个妆容看起来更加亮丽,能够缓和办公室的紧张气氛。可以用粉红色的腮红来修饰脸色与脸形,用大号粉刷将腮红敷在两侧脸颊,刷子越大,刷出的颜色越自然。为了体现肌肤质感,还可以用润肤液轻拍面颊,创造无痕妆容,如图 7.32 所示。

图 7.32　无痕妆容

5. 唇妆

苍白憔悴的脸色及毫无血色的嘴唇使人显得无精打采,暗哑、发紫或发黑的唇色也使人看起来病态十足，这时只需抹上一层口红便可让你信心倍增，显得神采奕奕，因此职业妆的唇妆尤为重要。粉色、橙色系口红在办公室里很受欢迎，而各种哑光的红色与紫色以及亮光口红就不太适合办公室的工作气氛了。口红可直接按照唇形涂抹，职业妆中的唇妆也应突出自然清新的风格，不需画唇线。近年来流行复古妆容，大红色口红成为时尚，不少航空公司空乘妆容也随之改变，比如深圳航空的"流光溢彩妆容"[①]（见图7.33）。

图 7.33　深圳航空空乘妆容

三、化妆实操

实训场地：化妆室。

实训要求：

（1）第一阶段，学生按照指导教师要求自带化妆品，按照化妆步骤进行妆容塑造，职业妆塑造完成后进行自评。

（2）第二阶段，学生根据自身着装选择相搭配的眼影色彩，可自由发挥，完成后由指导教师点评。

[①] 2013年7月1日深圳航空启用新妆容，此妆容"明眸善睐，流光溢彩，唇红齿白，笑靥如花"。此次全新妆容注重强化深圳航空乘务员形象的识别度。红色体现热情与动感，金色彰显大方和庄重。全新妆容从粉底、眼影、唇彩、腮红等每处细节都设定了人性化标准。

第八章
民航服务人员的气质培养

人们越来越深刻地意识到待人接物、衣着打扮、言谈举止是如此重要，因为这正是一个人优雅魅力的最直接表现。一个人的真正魅力主要在于特有的气质，这是一种内在的人格魅力。

气质美看似无形，实为有形。它是通过一个人对待生活的态度、个性特征、言行举止等表现出来的。

气质美外化在一个人的举手投足之间，走路的步态、待人接物的风度，决定着一个人人际关系的走向。

仪态与形体训练是快速提升气质美的途径之一。

第一节 基本形体训练之站姿、坐姿、蹲姿训练

形体训练是一项比较优美、高雅的健身项目，主要通过舒展优美的舞蹈基础练习（以芭蕾为基础），结合古典舞、身韵、民族舞蹈进行综合训练，可塑造优美的体态，培养高雅的气质，纠正生活中不正确的姿态。可以说形体训练是所有运动项目的基础，瑜伽形体训练如图8.1所示，芭蕾形体训练如图8.2所示。

一、站姿训练

（一）站姿基本要领

一要平，即头平正、双肩平、两眼平视；二要直，即腰直、腿直、后脑勺、

背、臀、脚后跟成一条直线；三要高，即重心上拔，看起来显得高。

图 8.1 瑜伽形体训练

图 8.2 芭蕾形体训练

（二）训练方法

1. 贴墙站立

每位同学贴墙站立 30 分钟，要求脚后跟、小腿腿肚、臀、肩、后脑勺贴墙。这样能够修正仪态，使体态显得挺直。

2. 头顶物、腿夹纸

所有同学排列成一定队形按服务岗位中的站姿站立，要求头顶书本，双腿夹一张薄纸。站立过程中不允许书本和纸张掉下来，坚持 30 分钟。这种方式同样有纠正仪态的作用，并能控制学生站立的体态，使整体看上去笔直挺拔。

（三）站姿仪态要求

1. 男士服务岗位中的站姿

（1）跨立式背手站姿（见图 8.3）。右手握拳，左手握住右手手腕放于后腰处，两脚分开，幅度不超过肩宽，挺胸立腰，收颌收腹，双眼平视。

这种站姿优美中略带威严，易产生距离感，所以常用于门童和保卫人员。如果两脚改为并立，则突出了尊重的意味。

（2）握手式站姿（见图 8.4）。双脚可分可并，右手握拳，左手握住右手手腕放于腹前。该站姿适用于接待岗位中或与人交谈过程中。

图 8.3　男士跨立式背手站姿　　　　图 8.4　男士握手式站姿

2. 女士服务岗位中的站姿

（1）一位手位握手式站姿（见图 8.5）。双手四指并拢，虎口交叉，右手搭在左手手背之上，双手放于腹前，膝盖并拢，双脚靠拢呈小丁字步站姿。这种站姿端庄优雅，是接待服务中的标准站姿。

（2）二位手位握手式站姿（见图 8.6）。与一位手位握手式站姿基本相同，不同点在于二位手位握手式站姿时双手相握自然下垂。这种站姿较轻松随意，适用于交谈过程中。

图 8.5　女士一位手位握手式站姿　　　　图 8.6　女士二位手位握手式站姿

二、坐姿训练

（一）入座

入座时要轻、稳、缓。走到座位前，转身后轻稳地坐下。如果椅子位置不合适，需要挪动椅子的位置，应当先把椅子移至欲就座处，然后入座。而坐在椅子上移动位置，是有违社交礼仪的。

女士入座尤要娴雅、文静、柔美，若是裙装，应用手将裙子稍稍拢一下，两腿并拢，双脚同时向左或向右放，两手叠放于左右腿上。如长时间端坐可将两腿交叉重叠，但要注意上面的腿向回收，脚尖向下，给人以高贵、大方之感。

（二）不同场合的坐姿礼仪

（1）谈判、会谈时，场合一般比较严肃，适合正襟危坐。要求上体正直，端坐于椅子中部，双手放在桌上、腿上均可。

（2）倾听他人教导、指点时，对方是长者、尊者、贵客，坐姿除了要端正，还应坐在座椅、沙发的前半部或边缘，身体稍向前倾，表现出一种谦虚、迎合、重视对方的态度。

（3）在比较轻松、随便的非正式场合，可以坐得轻松、自然一些。全身肌肉可适当放松，可不时变换坐姿，以做休息。

图 8.7 所示为女士错误坐姿及正确坐姿。

（三）坐姿礼仪要求

正确规范的礼仪坐姿要求端庄而优美，给人以文雅、稳重、自然大方的美感。坐，作为一种举止，有着美与丑、优雅与粗俗之分。正确的礼仪坐姿要求"坐如钟"，指人的坐姿像座钟般端直，当然这里的端直指上体的端直。坐在椅子上，应坐满椅子的 2/3，宽座沙发则坐满 1/2。要立腰、挺胸，上体自然挺直。

离座时要自然稳当，右脚向后收半步，而后站起从椅子左边离开。

1. 女士坐姿

（1）标准式。

适用于最正规的场合。要求上身与大腿、大腿与小腿、小腿与地面都应当成直角，双膝双脚完全并拢（见图 8.8）。

（2）侧点式。

适用于穿裙子的女性在较低处就座使用。要求双膝先并拢，然后双脚向左或向右斜放，力求使斜放后的腿部与地面呈 45°角，双脚脚尖并拢且与地面接触，脚尖应与腿在一条直线上（见图 8.9）。

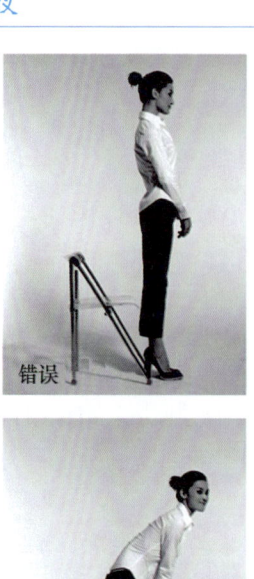

图 8.7　女士错误坐姿与正确坐姿

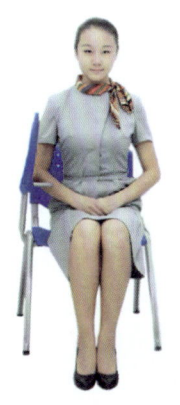 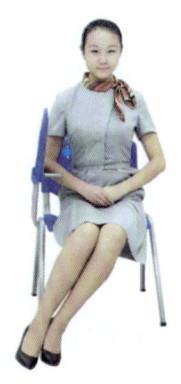

图 8.8　标准式坐姿　　　　　　　图 8.9　侧点式坐姿

（3）侧叠式。

这种坐姿造型极为优雅，有一种大方高贵之感。要求将双腿一上一下完全地交叠在一起，交叠后的两腿之间没有任何缝隙，犹如一条直线。双腿斜放于左右一侧，斜放后的腿部与地面呈 45°夹角，叠放在上的脚尖垂向地面（见图 8.10）。

（4）正叠式。

要求两条腿在大腿部分叠放在一起，叠放之后位于下方的一条腿垂直于地面，脚掌着地；位于上方的一条腿的小腿向内收，两腿尽量贴紧不留缝隙，同时脚尖向下（见图 8.11）。

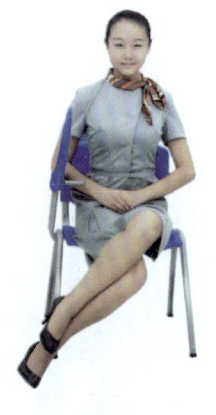 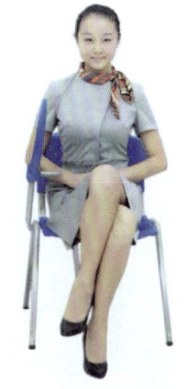

图 8.10　侧叠式坐姿　　　　　　　图 8.11　正叠式坐姿

（5）交叉式。

它适用于各种场合。要求双膝先要并拢，然后双脚在踝部交叉，交叉后的双脚可以内收，也可以斜放，但不宜向前方远远直伸出去（见图 8.12）。

(6)曲直式。

女性适用的一种优美的坐姿。在标准坐姿的基础之上将一条腿屈后,两脚脚掌着地,双脚前后要保持在同一条直线上(见图8.13)。

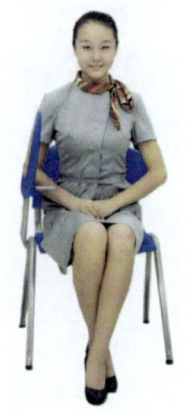
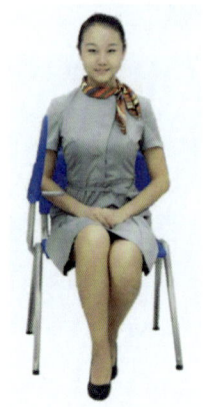

图8.12　交叉式坐姿　　　　图8.13　曲直式坐姿

2．男士坐姿

(1)标准式。

标准式坐姿也称垂腿开膝式,是男士的标准坐姿。要求上身与大腿、大腿与小腿皆成直角,小腿垂直地面,双膝分开,但不得超过肩宽(见图8.14)。

(2)曲直式。

在标准坐姿的基础之上将另一条腿屈后,两脚脚掌着地,双脚前后仍然在平行线上(见图8.15)。

图8.14　男士标准式坐姿　　　　图8.15　男士曲直式坐姿

（3）重叠式。

男性在非正式场合采用。要求两条腿在大腿部分叠放在一起，叠放之后位于下方的一条腿垂直于地面，脚掌着地；位于上方的另一条腿的小腿则向内收，同时脚尖向下（见图8.16）。

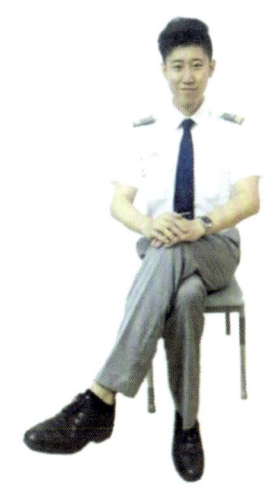

图8.16　男士重叠式坐姿

三、蹲姿训练

女士低处拾物蹲下时要注意，若穿裙装应一手向里顺一下裙摆，领口较低的话注意另一只手遮挡领口部位，避免走光。

优雅的蹲姿，一般采取下列两种方法：

（1）交叉式蹲姿。

下蹲时右脚在前，左脚在后，右小腿垂直于地面，全脚着地；左腿在后与右腿交叉重叠，左膝由后面伸向右侧，左脚脚跟抬起脚掌着地；两腿前后靠紧，合力支撑身体；臀部向下，上身稍前倾（见图8.17）。

（2）高低式蹲姿。

下蹲时左脚在前，右脚稍后，两腿靠紧向下蹲；左脚全脚着地，小腿基本垂直于地面，右脚脚跟提起，脚掌着地；右膝低于左膝，左膝内侧靠于左小腿内侧，形成左膝高右膝低的姿式，臀部向下，基本上以右腿支撑身体。男士选用这种蹲姿时，两腿之间可有适当距离（见图8.18）。

图8.17 交叉式蹲姿

图8.18 男(女)高低式蹲姿

第二节 行姿(走姿)与服务仪态训练

一、行姿

正确的行姿(见图8.19)能够体现一个人积极向上、朝气蓬勃的精神状态。正确的行姿是以正确的站姿作为基础的。走路时,上身挺直,头部要保持端正,微收下颌,两肩保持平齐,挺胸、收腹、立腰,双目平视前方,表情自然,精神饱满,这样才能体现一个人良好的精神面貌和体态。

行走时步态是否优雅美观,关键取决于步幅和步位。行走时前后两脚之间的距离(此距离为前脚脚跟到后脚脚尖的距离)称为步幅,在通常情况下,男性的步幅约为30~35厘米,女性的步幅约为25~30厘米。女性的步幅应根据场合和着装进行调整,通常来讲,以直线条为主的服装特点是庄重大方、舒展矫健;以曲线为主的服装特点是柔美妩媚、飘逸优雅。

行走时脚落地的位置是步位。行走时最佳步位是两脚踩在同一条直线上,并不走两条平行线。女性走路时,倘若两脚分别踩两条线走路,则是有失大雅的。

步态美的一个重要方面是步速稳健。要使步态保持优美,行进速度应该是保持平稳、均匀,过快、过慢都是不允许的。

步韵也非常讲究。在行进过程中,膝盖和脚腕要有弹性,腰部理应成为身体中心移动的轴线,双臂要轻松自然地摆动。身体各部位之间要保持动作和谐,使自己的步调一致,显得优美自然一些,否则就显得没有节奏。

图8.19　行姿

1. 不同着装的行姿要求

(1)穿西装。西服以直线为主,穿着者应当走出挺拔、优雅的风度。穿西装时,后背保持平正,两脚立直,走路的步幅可略大些,手臂放松,伸直摆动,手势简洁大方。行走时男士不要晃动,女士不要左右摆髋。

(2)穿旗袍。行走时,要求女士身体挺拔,胸微含,下颌微收,不要塌腰撅臀。走路时,步幅不宜过大,以免旗袍开衩过大,露出皮肉。两脚脚跟前后要走在一条线上,脚尖略微外开,两手臂在体侧自然摆动,幅度也不宜过大。站立时,双手可交叉于腹前。

(3)穿裙装。穿着长裙彰显女性身材的修长和飘逸美。行走时要平稳,步幅可稍大些。转动时，要注意头和身体相协调，调整头、胸、髋三轴的角度。穿着短裙，要表现轻盈、敏捷、活泼、洒脱的风度，步幅不宜过大，但脚步频率可以稍快些，保持轻快灵巧的风格。

2. 几种错误行姿的剖析

（1）头部抬得过高，给人以傲慢之感。

（2）双手摆动过大，臀部扭动过剧，使人觉得非常生硬。

（3）摇头晃脑，两肩歪斜，左右摇摆，有庸俗、轻薄之感。

（4）弯腰弓背，步履蹒跚，低头无神，给人压抑、疲倦、衰老的印象。

（5）八字脚、"鸭子步"，给人一种不快、不安的扭曲感。

3. 行姿训练

（1）步位步幅训练。

在地上画一条直线，要求踩着直线行走，纠正"外八字""内八字"及步幅过大或过小的陋习。

（2）摆臂训练。

直立身体，以肩为轴，双臂前后自然摆动，纠正摆动幅度大、过于僵硬、双臂左右摆动的毛病。

（3）稳定性训练。

要求女生头顶物并穿高跟鞋行走。行走中保持身体挺拔，要求头正、颈直、目不斜视、表情柔和。

（4）步韵训练。

配以节奏感强的音乐，踩着节拍以走秀的形式，注意双臂的摆动与步伐的协调，进行行姿训练。

二、服务仪态训练

（一）鞠躬礼

鞠躬的要领：一般性点头问候为15°鞠躬，民航服务要求鞠躬的度数为30°，表示最真诚谢意的鞠躬度数为45°。弯腰鞠躬时后脑勺与后背始终保持在一条直线上，目光亲切柔和，视线自上至下，女士双手相握自然下垂，男士双手自然垂于身体两侧。图8.20所示为女士鞠躬礼的标准动作仪态演示。

图 8.20　女士鞠躬礼的标准动作仪态演示

（二）服务引导手势

（1）曲臂式。

这是门童迎宾和礼仪引领常用的手势，右手（左手）从身体一侧抬起，五指并拢，手掌向外略微倾斜，大臂和小臂打开的角度根据指示的远近而定，指示较远时幅度可大一些。另外，一只手放在腹前或背在身后，行进中自然垂下，头部和上身微向伸出手的一侧倾斜，目视宾客，面带微笑，表现出对宾客的尊重、欢迎（见图 8.21）。

图 8.21　曲臂式

（2）反向曲臂式。

通常做"里面请"手势时也可用反向曲臂式，动作要领与曲臂式相同。反向曲臂式是指用右手（左手）指引时，指示的方向应与手臂的方向相反，如用右手指引时,手臂从身体的右侧由下向上抬起,至上臂离开身体 45°的高度时,以肘关节为轴,手臂由体侧向体前的左侧摆动,距离身体 20 厘米处停住;掌心向内,手指尖指向左方,头部随客人由右转向左方,面带微笑(见图 8.22)。

图 8.22　反向曲臂式

(3)直臂式。

需要给宾客指引方向时或做"请往前走"手势时,采用直臂式,其动作要领是:将右手由前抬到与肩同高的位置,前臂伸直,用手指向来宾要去的方向,如图 8.23 所示。一般男士使用这个动作较多。注意指引方向时不可用一手指指出,显得不礼貌。

(4)斜臂式(斜摆式)。

请来宾入座做"请坐"手势时,手势指向座位的方向,指示时身体微微前倾,使大小臂成一斜线(见图 8.24)。

图 8.23　直臂式　　　　　　　　图 8.24　斜臂式

（5）双臂横摆式。

当举行重大庆典活动，来宾较多时，做"诸位请"或指示方向的手势时采用。表示"请"可以动作大一些（见图8.25）。

图 8.25　双臂横摆式

其动作要领是：将双手由前抬起到腹部再向两侧摆到身体的侧前方，这是面向来宾，指向前进方向一侧的手臂应抬高一些，伸长一些，另一只手稍低一些；若是站在来宾的侧面，则两手从体前抬起，同时向一侧摆动，两臂之间保持一定距离。

运用手势时还要注意与眼神、步伐、礼节相配合，才能使宾客感觉到这是一种"感情投入"的热诚服务。

第九章

情景模拟训练

第一节 商务礼仪情景模拟训练

1. 握手礼仪

同行业某企业领导（男性）与两名下属（一男一女）到你们公司参观学习，你（职位：部门经理）与秘书（男性）等候在公司门前准备迎接。因冬季天气较冷，每个人都带了手套。请根据握手礼仪知识模拟这一情境。

2. 名片礼仪及自我介绍

假如你是某航空公司的部门经理，应邀参加另一家航空公司的首航仪式。仪式结束后，你遇到了本市一位政府官员，你向他介绍自己，并希望得到他的名片。随后又有一位你的仰慕者希望与你结识，并递上了他的名片。请根据名片礼仪知识模拟这一情境。

3. 电话礼仪

假如你是某公司行政部门职员，上班期间接到一个办公电话，对方有事要找你的同事李莉，但她当时不在办公室，于是对方向你询问她的手机号码。此种情况如何处理较为妥当？请根据电话礼仪知识模拟这一情境。

4. 介绍他人礼仪

你是某公司的部门主管，你们部门调来一位新同事，你需要将他介绍给大家，并将其他同事一一介绍给他认识。请根据介绍礼仪模拟这一情境。

5. 商务接待礼仪

你是某公司的前台接待人员，有客人要面见你们公司总经理，并表示已提前预约，但总经理正在开会无法接见。应如何妥当处理？请依据接待礼仪知识模拟这一情境。

6. 商务拜访礼仪

你是某公司的业务员,要拜访客户单位的经理,并向他介绍你们公司的新产品。请模拟从见面开始到拜访结束这一过程。

7. 餐饮礼仪

你是某公司的总经理助理,你们公司计划宴请合作单位的几位领导,总经理安排你准备宴请事宜(包括发出邀请、预订餐厅、预点菜品等)并陪同出席。请根据餐饮礼仪知识模拟该情境。

8. 乘坐电梯礼仪

你是某公司总经理助理,因参加工作会议需要与公司几位领导一起乘坐电梯(无人管理电梯)上9楼,电梯内同时还有公司另外一位领导要去6楼。请根据电梯礼仪知识模拟这一情境。

9. 商务馈赠礼仪

你是公司某部门的主管,春节将至,为了感谢公司领导在一年中对你们部门所做工作的关心和支持,请代表你部门向领导送去一份礼物。可从选择礼品和赠送礼品两方面进行情境模拟。

第二节 民航服务情景模拟训练

一、候机楼地面服务情景模拟训练

(1)某机场候机楼内,一名地面服务人员引导初次乘坐飞机的老年夫妇办理值机手续、过安检,并将其送到指定的登机口候机。请根据仪态礼仪、引导礼仪等相关知识模拟此情境。

(2)航班快要起飞了,但还有一名轮椅旅客和其家属没有上机。作为登机口工作人员,当你看到这两位旅客急匆匆地朝登机口赶来时,连忙上前迎接,并检验完登机牌后将他们送上飞机。请模拟这一服务过程。

(3)你是某机场值机岗位的工作人员,请演示为旅客办理值机手续这一服务过程中所涉及的仪态和语言礼仪。

(4)你是某机场的安检工作人员,请运用专业的民航服务语言和仪态礼仪知识,演示为旅客做安全检查这一过程。

二、贵宾室服务情景模拟训练

某机场贵宾室要接待 3 位领导,你是该贵宾室的服务人员,负责完成此次接待工作,从等候迎接开始,到引导入座,然后提供茶水服务。请模拟此服务过程。

三、客舱服务情景模拟训练

(1)旅客开始登机,乘务员在各自位置迎接旅客,根据登机牌上的座位号引导他们正确入座,并协助旅客放置行李。请模拟这一服务过程。

(2)飞机开始平稳飞行后,客舱乘务员准备提供餐饮服务,请自行设置不同的具体情境(如早餐、中餐、特殊餐食等)并演示完整的送餐服务过程。

(3)你是某航空公司客舱服务部的乘务人员,一次飞行过程中发现客舱内有位腿部打着石膏的老先生什么饮料餐食都不要,连续 3 个多小时不吃不喝,在询问后才知道,老先生是为了减少去洗手间的次数,怕给乘务员添麻烦。此时你应该如何处理才符合民航服务礼仪规范?请演示服务过程。

(4)航班上有一位无成人陪伴儿童,乘务长安排你负责照顾这位刚满 6 岁的小男孩。从进入客舱开始,小男孩的情绪就非常不好,紧张、害怕、失落,作为一名优秀的乘务人员,你应该如何安抚他的情绪并为他提供服务呢?从登机到飞机落地后将他顺利交接给地面服务人员,请演示完整的无成人陪伴儿童服务过程。

第十章

沟通技巧训练

第一节 声音的美化训练

1. 呼吸训练

呼吸训练包括两个方面：一是横膈膜等呼吸肌肉群的训练；二是体育锻炼，加强腹肌力量。横膈膜在呼吸与发声中起着重要作用，它是呼吸有力、肺活量加大、气息充足、发声自如的重要保证之一。吸气时，在瞬间把气吸进横膈膜，在腰腹一周有一种膨胀的状态，然后均匀地把吸气在神经系统的调控下通过声带挡气，在呵欠状态上发出，如此不断循环反复。

呼吸训练可分三个阶段进行：

（1）慢呼慢吸。吸气时犹如闻花香，运用腹肌、横膈膜的力量缓慢地吸气，同时腹腰部有膨胀感；呼气时，横膈膜控制气息，均匀舒缓地呼气。这种简单的练习主要是锻炼横膈膜及相关肌肉群的呼吸控制能力。

（2）慢吸快呼。在慢呼慢吸的基础上加快呼气动作。这个练习主要是锻炼吸气的力量与灵活性。

（3）快吸快呼。这个练习可以用"蛤蟆气"或"狗喘气"的呼吸方式体会，吸气时不要求吸进的量，只注意在快速一吸一呼过程中横膈膜的弹性控制。

另外，在呼吸训练中还可通过体育锻炼来加强腹肌能力，如仰卧起坐、仰卧举腿、游泳等。

呼吸训练应与其他各项发声训练相互结合，气息的动力支持越好，声带就越不容易受到伤害。

2. 无声训练

（1）张大口训练。练习时以下巴松弛为依据，抬头望天空一点点张嘴，食指可放在下巴上，帮助固定下巴，张嘴的同时吸气，软腭积极上提，吸气时有凉的感觉。

张大嘴训练虽然枯燥，但却是最基本和最重要的练习，当张嘴的这种状态成为习惯后，它将会带给你难以预料的益处。

（2）咀嚼练习。口腔中充满空气，嘴唇轻轻合拢，做闭口咀嚼动作。这项训练可以锻炼颊部肌肉力量，能增强咬字的清晰度。

3. 吐字发声训练

汉语的特点是一字一音，每个字可分为头、腹、尾三个部分，字的发音清晰度主要依赖咬字头适度的力量、字腹的饱满和字尾轻巧的归韵，各部分是协调一致进行发声的。

4. 音色训练

声音的美感不仅仅体现在吐字的清晰、声音的饱满，音色也是声音美的评价标准之一，健康的声音往往都有明亮集中的音色。训练的第一步骤是口腔做"咀嚼哼鸣"，先鼻腔打开深吸气保持后，依赖横膈膜的力量发出"M"音，同时嘴唇轻轻合拢，上下牙分开，软腭处积极上提，感觉口腔内嚼着一大块东西，颧骨上抬微笑，哼鸣的点相对靠前，感觉在眉心处。

做这一练习，首先，要注意精神状态的调整，积极的精神状态能调动气息的力量；其次，能带动硬腭的提升，上口盖的支架作用能使喉部松弛；最后，气息的"支点"容易保持。这种训练的发音要求声音结实、明亮、集中、平稳。

然后在这个哼鸣点的基础上，结合吐字发音的特点咬字，练习时可以从字词发音入手，逐渐发展到诗词朗诵和日常的口语。这个过程是个习惯和适应的过程，改变原有的发声状态需要一个时间段来过渡，养成好的发音习惯将会使你受益终生。

5. 声音美化八要则

（1）运用语调。

（2）恰当发音。

（3）避免刺耳音调。

（4）避免鼻音。

（5）控制音量。

（6）充满活力激情。

（7）注意节奏。

（8）注意语速。

第二节 语言的表达训练

一、面对面沟通成功的"四要素"——语言、语气、表情、手势

你认为"四个要素"依据其重要程度，若按百分比来算的话，各占多少？填写表 10-1。

表 10-1 四个要素分析表

四个要素	百分比	你的理由？
语言		
语气		
表情		
手势		

与旅客面对面进行沟通时，重要的不是你对他说什么，而是你对他怎么说，因为你讲话的时候给旅客产生的影响是一种感觉而不是事实。民航服务人员很重视事实，也就是语言所表达的内容，而旅客更在意的是在表达这种事实时的方式。那么，在与旅客沟通的四个要素中，语言占多少呢？如果说语言就是你表达的内容，那么语气、表情、手势按百分比来算的话又各占多少？经过世界上很权威的旅客服务研究机构的研究，在沟通领域中，语言只占 7%。也就是说，在你和旅客沟通时，语言的重要性只占 7%，而另外的 93%是表达时的语气、表情和手势。通常表述内容的时候很简单，一般的人想说一番话，把它背下来后就可以说出来。但是运用什么样的表情、什么样的语气，配合什么样的手势去说，这却是一个技巧。因此，很多成功的演说家并不仅仅是他演讲的内容精采，很重要的是通过语气、手势、面部表情的配合来获取一种煽动性。要记住，说话的语气和方式往往比内容更为重要，而这一点很多人都没有认识到。

二、正确掌握语气中语速、音量、音调的运用

人讲话的声音，就像弹奏乐器的音乐，而语气就像音乐的声调。对于民航服

务人员，旅客倾听你的语气就可以知道你的心情，以及你要表达的内容。旅客声调不对，客户就不会欣赏你的"音乐"。

正确的服务语气应该是什么样子的？对此有一个很具体的描述，应该是乐观、温和、舒服、通情达理、有克制、清楚、直接、自然的。

1. 语速

你认为语速快一点好还是慢一点好？还是不快不慢好？填写表 10-2。

表 10-2　语速分析表

类型	选择	理由
快一点好		
慢一点好		
不快不慢好		

除了外表，在张嘴以后，你说话的语速会形成第二印象。那么，在旅客服务工作中什么样的语速表达是适合的？人说话语速是不一样的，有些人天生就慢，有些人说话的语速天生就快。作为一名旅客服务人员应该去满足不同旅客的需求，要让每一个旅客感觉到和你打交道都很舒适。因此，语速的快慢是以旅客语速的快慢来衡量的。语速过快，旅客会感觉你不耐烦、不在意。而语速过慢，旅客会觉得你漫不经心、不关心、不重视。正确的谈话方式是针对不同的旅客调整语速，尽可能与旅客的语速保持一致。旅客如果语速较快，他不习惯听比他说话慢的人说话，因为他会觉得很累。如果你是一个语速比较慢的人，你在倾听一个语速很快的人讲话时，也很难适应，会觉得跟不上、听不清楚。

有时是在非正常情况下，语速慢一点可以使旅客的情绪得到稳定，这是特殊情况下语速的应用。比如说，旅客很着急，可能有两种情况，一种情况是想办一件事情，希望你帮助他尽快解决；另一种是因为生气而着急，因为他的利益受到了损害，所以他的说话速度很快。当面对这两种人时，语速运用就应不一样。如果一个旅客很着急，希望在一件事情上得到帮助，这时候服务人员的语速应该加快，语速甚至比旅客的还快，这种语速会让旅客感到你是真正站在他的立场上思考问题。旅客在另外一种情况下语速也会快，比如投诉的时候。这时候，如果你的语速也跟着快起来，就会产生争执。因为语速加快的同时音量也会同时跟着增大，这时候旅客就会觉得，你急于表达你的观点来说服他，而不是想帮他解决问题。因此在处理投诉的时候，服务人员的语速应有意慢于旅客的语速。只有这样，才有利于使旅客的急躁情绪平稳下来。

2. 音量

（1）音乐家在演奏音乐时，要确保音量与所选的曲子一致。

（2）喊叫是愤怒、不满的表现，会令旅客产生误会。

（3）音量的适度升高，有时可以显示对对方谈话的热情。

（4）音量适中，与对方保持一致，以对方听清为准。

3. 音调

如果音乐家用同样的音调演奏所有的乐曲，会怎么样？

如果音乐家用同样的音调来演奏所有的乐曲，那肯定是很平淡的。讲话时，音调要有起伏才可以去吸引旅客，通过音调的起伏去表现关注的态度。比如说"真的对不起，真的很抱歉"，"真的"语气要加重，这种加重会表现出一种关注。服务人员在处理各种旅客服务问题的时候，在和旅客进行语言上的交流的时候，要善于应用音调的起伏来表达自己对旅客关注的程度。希望关注哪一点，你就在哪儿把音调提升起来。但是音调还是要以平稳为基础，不要歇斯底里，不能有意识去加强。

三、表达能力的训练方法

1. 朗诵法

朗诵法是训练语音、语气、语调的最佳手段，可选择散文、诗歌等较易表达感情的朗诵材料。

2. 限时表达法

训练时可限定1分钟的时间，让每位同学做自我介绍，也可采取提问的形式考查学生语言表达的逻辑性、完整性。

3. 提炼主题法

训练时可给出一段文字材料让学生进行研读，并用最明确的语言表达出材料的主题思想；也可采取观看视频材料的方法让学生进行主题总结。

4. 即兴演讲法

即兴演讲在语言表达的各种训练中是最具挑战性的，它能锻炼学生在短时间内语言的组织、表达以及仪态等各方面的能力。训练时可指定一个主题让同学们做即兴演讲，如"最美的微笑""我的梦想"等。

第三节　沟　通　游　戏

游戏一：撕纸

1．游戏程序

（1）给每位同学发一张纸。

（2）教师发出单项指令，请同学依据指令操作。

操作过程同学禁止提问→把纸对折一次→再对折一次→撕下上面的一个角→再次对折→再撕下上面的一个角→请同学展开手中的纸，对比后发现每张纸有什么不同。

（3）教师可以请一位同学重复上述的指令，重新做一次游戏，唯一不同的是这次同学们在游戏过程中可以提问。

2．游戏目的

说明我们平时的沟通过程中，经常使用单向的沟通方式，结果听者总是见仁见智，个人按照自己的理解来执行，通常会出现很大的差异。但使用了双向沟通之后，又会怎样呢？差异依然存在，虽然有改善，但增加了沟通过程的复杂性。所以，什么方法是最好的？这要依据实际情况而定。作为沟通的最佳方式要根据不同的场合及环境而定。

游戏二：不要激怒我

语言和态度是人与人之间沟通时的两个主要方面。面对对抗的时候，有的人说出的话是火上浇油，有的人说出来就是灭火器，效果完全不同。下面的游戏目的就是要教会大家避免使用那些隐藏有负面意思的甚至敌意含义的词语。

1．游戏规则和程序

（1）将同学分成3人一组，但要保证是偶数组，每两组进行一场游戏；告诉他们，他们正处在一个特定的民航服务场景或者工作场景当中。

（2）给每个小组一张白纸，让他们在3分钟时间内用头脑风暴法列举出尽可能多的会激怒别人的话语，比如不行、这是不可能的等。每一个小组要注意不让另外一组事先了解到他们会使用的话语。

(3) 让每一个小组写出一个 1 分钟的剧本，剧本中要尽可能多地出现那些激怒人的词语，时间为 10 分钟。

(4) 告诉大家评分标准。

① 每个激怒性的词语给 1 分；

② 每个激怒性词语的激怒程度给 1~3 分不等；

③ 如果表演者能使用这些会激怒对方的词语表现出真诚、合作的态度，另外加 5 分。

(5) 让一个小组先按照写好的剧本进行表演，另一个小组的学员在纸上写下他们所听到的激怒性词语。

(6) 表演结束后，让表演的小组确认他们所说的那些激怒性的词语，必要时要对其做出解释，然后两个小组互换，重复上述的过程。

(7) 第二个小组的表演结束之后，大家一起分别给每一个小组打分，给分数最高的那一组颁发"火上浇油奖"。

2．相关讨论

(1) 什么是激怒性的词语？我们倾向于在什么时候使用这些词语？

(2) 如果你无意间说的话被人认为是激怒性的，你会如何反应？是你自己的看法重要，还是别人对你的看法重要？

(3) 当你无意间说了一些激怒别人的话，你认为该如何挽回？

3．总结

(1) 很多时候往往在不经意之间说出很多伤人的话，即便他们的本意是好的，他们也往往因为这些话被人误解，达不成应有的目的。

(2) 我们在说每一句话之前都应该好好想想这句话对听者会产生什么感觉、会带来什么后果，这样就可以避免我们无意识地说出激怒性的话语。

(3) 实际上，我们得意洋洋的时候往往是最容易伤害别人的时候，保持谦虚谨慎的态度，不要像骄傲的孔雀一样，往往会使我们的人际关系为之改善，使人与人之间的交流更容易一些。

参与人数：3 人一组，分成偶数组。

时间：30 分钟。

场地：不限。

道具：卡片或白纸一沓。

应用：

① 沟通和谈话的技巧；

② 消除对立情绪，提高工作积极性；

③ 应用于商务谈判当中。

游戏三：你像哪种动物

每个人都有自己独特的性格，动物也是一样，有些时候，你会惊奇地发现，你的性格跟某种动物在某种程度上是那样的相像。

1. 游戏规则和程序

（1）将各种各样的动物漫画展示给大家看，可做成幻灯片，让大家分别描述不同动物的性格，主要是当它们遇到危险时的反应。比如说，乌龟遇到危险以后就会缩到壳里。

（2）让学员回想一下，当他们面对矛盾的时候会有什么反应。面对矛盾，他们的第一反应是什么？这一点和图中的哪种动物最像？如果是图中没有的，也可以找其他的，最主要是要言之有理。

（3）让每个人描述一下他所选择的动物性格，说出理由。比如说："我像刺猬，看上去浑身长满刺，很难惹的样子，其实我很温驯。"

2. 相关讨论

（1）你所选的动物和别人所选的动物是不是有什么不同的地方？你应用了它的哪一部分性格，别人注意到了吗？

（2）当不同的性格的人碰到一起的时候，应该如何相处？

3. 总结

（1）每个人都有自己特定的思维模式，从而决定了他的行为模式。不同思维模式的人碰到一起，总是不可避免地要面临冲突，当冲突出现的时候，也许正视问题、互相尊重才是最好的解决问题的方法。

（2）合作和沟通的过程中，要认真地考虑自己和对方冲突的根源所在，根据彼此的特点进行调整；最终，尽管存在冲突，不同类型的人仍然可以在一定程度上互补，也可以做到很好；作为领导者的经理层人物应该善于观察和利用这一点，才能构成一个更好的团队。

参与人数：集体参与。

时间：不定，每人 3 分钟。

场地：不限。

道具：写有动物名字的动物肖像画。

应用：

① 应付难缠的人，提高工作积极性；

② 交流技巧的提高。

游戏四：肢体语言

没有肢体语言的帮助，一个人说话会变得很拘谨，但是过多或不合适的肢体语言也会让人望而生厌，自然、自信的身体语言会使我们的沟通更加自如。

1. 游戏规则和程序

（1）将同学们分为2人一组，让他们进行2~3分钟的交流，交谈的内容不限。

（2）当大家停下以后，请同学们彼此说一下对方有什么非语言表现，包括肢体语言或者表情，比如有人老爱眨眼，有人会不时地撩自己的头发。询问这些做出无意识动作的人是否注意到了这些行为。

（3）让大家继续讨论2~3分钟，但注意这次不要有任何肢体语言，看看与前一次有什么不同。

2. 相关讨论

（1）在第一次交谈中，有多少人注意到了自己的肢体语言？

（2）对方有没有什么动作或表情让你觉得极不舒服，你是否告诉他了你的这种情绪？

（3）当你不能用你的动作或表情辅助你谈话的时候，有什么样的感觉？是否会觉得很不舒服？

3. 总结

（1）人与人之间的交流是两个方面的：一方面是语言的，另一方面是非语言的。这两个方面互为补充，缺一不可。有时候非语言传达的信息比语言还要更加精确，比如一个人不停地向你以外的其他地方看去，你就可以理解到他对你们的谈话缺乏兴趣，需要调动他的积极性了。

（2）同样，在日常的生活工作中，为了让别人对你有一个更好的印象，一定要注意戒除自己那些不招人喜欢的动作或表情，注意用一些良好的手势、表情帮助你的交流，因为好的肢体语言会帮助你的沟通，坏的肢体语言会阻碍你的社交。

参与人数：2人一组。

时间：10分钟。

场地：不限。

道具：无。

应用：沟通技巧训练。

游戏五：穿西服

沟通的一大误区就是假设别人知道的与你知道的一样多，比如下面这个游戏就以一种很喜剧的方式说明了这一点给人际交往带来的不便。

1. 游戏规则和程序

（1）挑选两名志愿者 A 和 B，其中 A 扮演老师，B 扮演学生，A 的任务就是在最短的时间内教会 B 怎么穿西服（假设 B 既不知道西服是什么，又不知道应该怎么穿）。

（2）B 要充分扮演出当学生的学习能力比较弱的时候，老师的低效率。例如：A 让 B 抓住领口，B 却抓住口袋，让 B 把左胳膊伸进左袖子里面，A 却伸进右袖子里面，演示可以尽量夸张。

（3）有必要的话，可以让全班同学辅助 A 来帮助 B 穿衣服，但注意只能给口头的指示，任何人不能给 B 以行动上的支持。

（4）推荐给 A 一种卓有成效的办法，示范给 B 看。以下是工作指导的经典四步培训法：

① 解释应该怎么做。

② 演示应该怎么做。

③ 向同学们提问，让他们解释应该怎么做。

④ 请同学们自己做一遍。

2. 相关讨论

（1）对于 A 来说，为什么在游戏的一开始总是会很恼火？

（2）怎样才能使得 A 与 B 之间进行更好的沟通？

3. 总结

（1）在游戏的开始阶段，A 总是会觉得很恼火，这主要是因为 A 的预期与 B 的实际能力不一致所导致的，A 认为一般人都应该会穿西服，而 B 恰恰是不会穿西服的，两者之间产生落差，自然会让 A 觉得 B 很笨。

（2）对于反应迟钝或能力比较弱的学生来说，老师们应该首先要端正自己的心态，要将其调整到与学生相符的状态上，千万不要对学生表现出不满和鄙视，应该多和学生沟通，帮助他们确认自己的能力。这一点也可以推广到日常的人际交往中。

（3）在沟通的过程中，微笑和肯定是非常重要的，肯定别人做出的成绩，即使是微不足道的。因为这样做可以帮助他们巩固自己的自信心，更快地掌握所要学习的知识。

参与人数：2 名志愿者，集体参与。

时间：20 分钟。

场地：不限。

道具：西服一件。

应用：

① 有效沟通技巧的训练；

② 创新能力的训练。

参 考 文 献

[1] 宋文静．民航服务与人际关系沟通[M]．北京：科学出版社，2013．

[2] 何瑛．职业形象塑造[M]．北京：科学出版社，2012．

[3] 中国网．航空服务领域十大典型案例公布航班延误问题突出[EB/OL]．（2011-12-28）[2015-04-20]．http://news.china.com.cn/txt/2011－12/28/content_24273315.htm．

[4] 国家旅游局人事劳动教育司．旅游服务心理学[M]．北京：旅游教育出版社，2004．

[5] 刘纯．旅游心理学[M]．北京：高等教育出版社，2004．

[6] 谢苏．空乘礼仪[M]．北京：国防工业出版社，2010．

[7] 金正昆．服务礼仪教程[M]．北京：中国人民大学出版社，2010．